suncolor

真正的你，和你想的不一樣

揭開「我」獨一無二的專屬人生，
觸發生命改變的 108 個神奇問答

珍妮·李 Jennie Lee 著 鄭百雅 譯

suncolor 三采文化

本書讚譽

「當我從珍妮這本精彩好書中看到第一個問題時，就完全被吸引住了。她用輕鬆愉快的方式一步步地引發我們展開好奇探究的過程，實現了她對本書的承諾——觸動了我們一直都在尋求的持久改變。這本書是我的新寵。」

——艾咪・B. 謝爾（Amy B. Scher）
《能量自癒》（*How to Heal Yourself When No One Else Can*）作者

「書中的問題，讓我們能夠深入挖掘自己的內心——在正視我們的不適、挑戰我們的假設以及洗淨我們的眼睛之後，發展出了一個更開放的心智及更強韌的靈魂。這本書讓我們看見如何探索新的可能性，如何看到未來的富足和自由。它為我們的身體、心智及人際關係帶來了正向的改變。」

——吳瑪雅（Maya Soetoro-Ng）博士
歐巴馬基金會和平教育官

「珍妮‧李透過書中一〇八個擾動心湖的問題，帶領讀者進行有意義的自我探究，從而促進實際的轉變。如果我們能把一天二十四小時都用來實踐這些發人深省的問題，那麼這二十四小時的每一分鐘都會受到影響。這本人人必讀的好書，值得一讀再讀。你可以用它的問題來寫日記，可以和家人、朋友、志同道合的人一起分享，還能為有意義的生活定下基調。」

——斐莉西亞‧托馬斯科（Felicia Tomasko）
《LA YOGA》雜誌主編

「珍妮‧李這本可愛的小書，提醒我們去憶起自己的能力——那是來自生命的召喚，讓我們去探索、去發問，去打開心靈與心智，去迎接更多新的可能性。這本書溫柔地引導我們自我探索，從自我更新中獲得成長，並看清自己在哪裡被困住了，可能在哪些地方錯失了機會，以及可能在哪裡找到更多的滿足及快樂。對於那些希望明天比今天過得更充實的人來說，這本書不容錯過。」

——克莉絲汀‧布雷姆斯（Christiane Brems）博士
史丹佛大學臨床教授暨醫學院YogaX訓練中心主任

「這本書一方面要求人們正視生活中的難題，一方面又讓人們看到新願景和新可能性，很好地在兩者之間取得了平衡。它既讓我們看見自己未能服務高我之處，也讓我們與自我感建立更深刻的連結。以上兩者都是自我療癒和轉變的必要條件。」

——艾咪·惠勒（Amy Wheeler）博士
國際瑜伽療癒師協會（IAYT）主席

「當一個人踏上靈性旅程之後，便不可避免地需要更多的反思及調整自己的道路，以爬升到更高的境界。這樣的過程，需要人們願意以開放的心去更清楚地看待生命，才可能達到更大的善和更高的喜悅。在旅程中，我們必須停下腳步問自己一些問題，而這正是珍妮·李在這本強而有力的指南中提供給我們的。這些問題深富洞察力，能引起我們共鳴，並且比任何常見的制式問題更具自省的深度，全都跟你切身相關。作者張開雙手，用愛來幫助你深入挖掘自己，她是知識豐富的引領者，給予我們最好、最有愛的支持。這本書是真正的無價之寶。」

——艾蜜莉·法蘭西斯（Emily A. Francis）
《神奇的自癒力》（*The Body Heals Itself*）作者

「如果你想看到自己樂見其成的改變，這本書就是你的最佳導航！書中那些不朽的真理和問題，會讓你活得更通透、更圓滿。」

——蘇珊・泰勒（Susan Taylor）博士
《好心情瑜伽課：心靈、良藥與療癒》
（*Feeling Good Matters: The Yoga of Mind, Medicine, and Healing*）作者

「成為最好的自己——本書將激勵你、挑戰你、引導你達成這個目標。」

——夏儂・凱瑟（Shannon Kaiser）
《愛自己的實驗》（*The Self-Love Experiment*）作者

給我兒子班寧──
願愛的力量指引你
走過一個大哉問的人生！

目錄
contents

Chapter
3

信念

Chapter
6　　**問責**

Chapter
9　明辨 ────────────────────

Chapter
12　**精進**　————————————————————————

重要的是不要停止質疑，
好奇心有其存在的理由。
　　　　　　——愛因斯坦

從一〇八個反思式問題中，
與真正的自己相遇

此時此刻，我們知道自己已經準備好要迎接更多——更深刻地理解生命，更充分地體驗生命。沒有人能迫使我們做好準備，而一旦我們起心動念，也沒有人能夠阻止。來自靈魂的聲聲催促，讓我們產生了迫切感：我必須知道更多、必須成長，以及必須成為更不一樣的自己。這種迫切感，有時會穿透我們熟知的靈魂黑夜而來；有時候，這樣的渴望會讓我們徹夜難眠、夜不能寐！在我寫下這些文字時，正是凌晨兩點二十一分。

對於新層次認知的渴求，對於成為新層次存在的迫切，是一股不可漠視、來勢洶洶的行動召喚。而所有這一切，通常是從一個疑問開始。這二十年來，當我研究及教授靈性哲理、靈魂生活時，總有一個問題在我的靈魂中燃燒，一次又一次地召喚我採取行動。這個問題是：「我如

何讓通往個人進化的愛之火，在我心中持續燃燒？又該如何點燃他人靈性覺醒的火光？」好吧，這是兩個問題，但在我心裡是同一件事。我必須為我們共同的靈性進化服務，這樣的認知是持續灌注我生命及工作的熱情。

經過上百次的個案服務、與友人交流及自我叩問，我得到的答案是：追求個人進化，以及願意在精神層面、情緒和靈性上追求成長的人，要不是經歷過極大的痛苦和磨難，就是擁有來自愛的祝福。一旦靈魂啟動了這個指令，我們就再也無法忽視。幸運的是，當我們全身心投入個人成長時，它會成為我們不可撼動的快樂基石。

如果你對以上所說的深有同感，那就繼續讀下去，同時也做好心理準備。大多數人都只想得到一個簡單的答案與捷徑，但本書提出的問題多半複雜，需要你真實地自我檢視。靈性覺醒沒有捷徑，這是需要你願意狠下心自省、帶著無畏的勇氣做出必要改變的過程。沒有人能為你代勞，但只要你已經準備好覺醒，這本書可以幫助你做到。這本書是一個邀請：邀請你更了解自己、更接納自己，並實現你生命的最高潛能。

這就是我為瑜伽療法個案所做的工作。我不直接提供建議，而是提出具啟發性的問題，幫助他們找到關於自己的真相。而後，我會分享實際的做法，讓他們能夠保持與靈魂的連結，並持續活在這個狀態下。在這個過程中，我親眼見證了人們在生活的各個方面都有了大幅度的轉變，包括深耕人際關係、健康狀態改善，以及找到新的人生意義。可惜的是，我也看到有人花了大把銀子買來地圖和裝備，卻遲遲沒有踏上旅程。

內省的價值：
一步步幫助你更了解自己的問題設計

多年的教練經驗讓我明白，只是告訴人們該做什麼、怎麼做是不夠的。提出正確的問題才是最重要的，因為當人們試著回答這些問題時，會試著為自己找到的解決方法及必要的改變全心投入。對每個人來說，提問都是至關緊要的。從我們學會說話的那一刻起，就懂得對周遭的世界及自身的經驗提出疑問。只有人類的意識能夠觀察及分析自己，並有能力根據自己的良心做出選擇。

本書羅列的問題，將幫助你更了解自己，完成自我實現的終極目標。這將帶來一種不可撼動的內在幸福感，這種幸福感才是奠定真正成功的基石。這些問題的目的，在於幫助你向內省思。當你在對的時間思索對的問題，就能打開創造性大腦，用意念來激勵自己。一旦解開了自己的困惑，意識和喜悅都能更進一步擴展。正如蘇格拉底所說的：「未經審視的生命，不值得一活。」

不要用看好戲的心態來自我提問

想像一下，生命正在向你提出問題。你有聽到它在問什麼嗎？此時你是否意識到自己靈魂的意願，你們是一致的，或是你的生活方式與它背道而馳？請在忙亂的生活中暫時停下腳步，好好思索這些問題、傾聽內在的聲音，把它當成你給自己的一個特殊禮物，並有意識地啟動你的個人進化。

這本書所建議的自省方式，不適合懦弱膽小或喜歡自我批評的人。我們必須和自己的心智建立正面的關係，好好評估我們的每個想法或問題，是否有助於自我成長；是

讓我們更加積極向上，或是會對我們的心靈造成傷害？我們必須有能力對自己提出困難的問題，而不陷入消極的、負面的自我批判中。要做到這一點，在自我探究時就必須帶著勇氣、同情心、幽默感，以疼惜自己的方式來提問。當我們以正確的方式自問自答時，就能在真實的生活中放鬆下來。因為我們開始能夠理解並接納人性的荒謬和不可理喻，同時也看見它們的可愛之處。

為什麼自我提問很重要？

我們的整個內在思維過程，是在一個問答系統的基礎上進行的。因此，如果我們想為人生困境找到新的出路，就應該有意識地在心智中進行一問一答式的對話，從中加以判斷或釐清。高品質的問題能帶來高品質的答案，好朋友、親愛的家人及優秀的領導者都知道，問對問題就像是打開內心門戶的一把鑰匙。這些問題會帶領我們前往以前聞所未聞或從未考慮過的地方，也讓我們用新的方式去看待問題。這就是為什麼自我提問是反躬自省的基礎。對自己和現在的生活提出質疑，不僅是出於好奇心，也是願意成長的表現。提問能促進更深刻的思考，也帶來更深的連

結、真誠與謙卑。它們會緊抓著我們不放，促使我們走向更明確的方向，並為我們點燃生命奇蹟。

自省可以幫助我們的人生創造一個主題，為我們的故事找出脈絡和線索，讓我們持續走在自己的軌道上，朝向新的可能性前進。這是一種每天都可以做的意識練習，用以精進自己及提升靈性生活。好的問題能幫助我們有意識地創造渴望，並闡明是什麼讓我們退回到無意識的舊模式或習慣性反應之中。

當我們學會真誠地面對問題時，也就同時學會了如何透過問題來與別人建立更深的連結。同理心、慈悲心及理解是深化人際關係的三個關鍵。在自省的過程中，我們會變得越來越真實，也越來越能看穿在質問他人時，自己是否帶著潛藏的動機。我們將會看清，自己是否刻意地引導對方給出我們想聽的答案，是否因為害怕表現出脆弱的一面而轉移焦點，或故意暴露對方的弱點來凸顯自己。當我們學會提出具有啟發性的問題時，就會在自己的內心和所有的外部關係中體驗到更大的和諧與愛。最終，除了進化出更宏大的自我覺知之外，我們也將超越自我，擴展到與「一」的意識合而為一。

這樣花心思的自問自答，可以為我帶來什麼？

遇到熱愛問問題的人，我總會激動不已。在每一個因為思索答案而停下來的空檔，我知道有個新觀點正在形成，並釋放出更多的可能性。我熱切地希望，在你面對這本書的每個問題時，我能成為那個向你提問的人。我希望這些問題能讓你停下腳步，認真地思考答案。我也鼓勵你，去看看自己正在對生命拋出什麼樣的問題，也去傾聽生命正在對你提出什麼問題。我相信，透過有意識處理我們對自己和對他人提出的問題，不論是在個人層次或集體層次上都能得到進化與成長。

這本書一共選輯了一〇八個問題，對世界許多宗教傳統來說，以及科學、文學、科技和瑜伽哲學等領域，一〇八這個數字都具有特殊意義。比如說，用來念誦經文的念珠，通常就是由一〇八顆珠子串成。

印度教經典《奧義書》共有一〇八部，並提到一〇八個神名。一〇八是一種哈沙德數（Harshad number），這是可以被其數位的數字相加之和整除的數字[*]。在梵文中，哈沙德的意思是「給予喜悅的人」。梵文共有五十四

個字母，每個字母又分為陽性（shiva）與陰性（shakti），加總起來也是一○八。除此之外，據說人類有一○八種欲望、一○八種謊言、一○八種煩惱和一○八種無知。還有人說透過冥想達到深刻的定靜，如果一天只需呼吸一○八次，就離開悟成道不遠了。最後，一代表至高的真理，○代表清空小我進入完全的靈性修習，而八則代表無限或永恆的靈魂。

　　本書提出的一○八個自我提問的問題，可以歸納為十二個主題——每個章節闡述一個主題，每一個主題有九個問題。在每一個問題之後，都有關於其意義的解說，以及如何更深入思考的指引。你可以按照章節順序閱讀，每個月或每年思考一個主題，也可以翻到你最感興趣的主題來仔細閱讀，深入探索每一個和你目前生活最相關的問題。有些問題看起來似乎很類似，但實際上是針對特定主題另一個層面的探討。

---

* 編按：哈沙德數又稱尼雲數，是美國數學家伊萬・尼雲（Ivan M. Niven）於1997年提出。以108這個數字為例，將108的數位數字相加：1＋0＋8＝9，108除以9可以整除，這一類的數字就稱為哈沙德數。

大哉問的強大力量

在準備撰寫這本書的過程中,我翻閱了過去四十年來自己所保存的手札。我在其中看到了許多重複出現的例子,證明我內心的質疑是如何帶著我一路成長。這就是為什麼我會如此堅信發人深省的問題,可以帶領我們所有人充分地發揮進化潛能。「我如何讓通往個人進化的愛之火,在我心中持續燃燒?又該如何點燃他人靈性覺醒的火光?」這個一直在我腦中揮之不去的問題,答案就藏在不斷深入的提問裡。

過去二十年在主持瑜伽療法的親身經驗中,我曾為各種尋求更高覺知的人提供諮詢服務,陪伴他們度過憂鬱、哀傷和壓力等各種負面經歷。不管他們提出什麼問題,每個來到這裡的人都是因為想解決眼前的困境,想要活得更快樂,想要更平和地對待自己及這個世界,以及更有能力地應對各種生命挑戰。他們想尋求更深層次的生命意義,並與靈魂及生命的超然力量接上線。這就是我們所說的「追求自我成長」背後真正的驅動力。

我在本書提出的問題,不僅來自我自己的內在探索旅

程，也來自我個人對經典瑜伽及哲學領域的學習所得。這些問題也包括帕拉宏撒‧尤迦南達（Paramahansa Yoga-nanda）、擁抱阿瑪（Mata Amritanandamayi）等靈性大師的教導，以及蓋瑞‧祖卡夫（Gary Zukav）、卡爾‧羅哲斯（Carl Rogers）和艾克哈特‧托勒（Eckhart Tolle）等心靈導師傳授的靈性心理學原則。回答這一〇八個問題，你將學會傾聽你的靈魂，明白生命正在呼喚著你去學習或表達什麼。

詩人里爾克（Rainer Maria Rilke）在《致一位年輕詩人的信》（*Letters to a Young Poet*）中寫道：「對心中未解的疑問要有耐心，試著去愛這些問題。待它們如一間上鎖的房間，或一本晦澀外語寫成的書……帶著這些問題去生活，或許你將慢慢地、不知不覺地，就在遙遠的某一天裡得到答案。」

思考這些問題的一些小技巧

你的靈性進化，取決於你在日常生活中如何應用對這些問題的答案。要想真正從這些問題受惠，就必須花時間

讓這些材料成為你的一部分。僅僅翻讀過一遍是不夠的。就像食物要經過仔細咀嚼後才能好好消化，我們也需要花時間充分消化，才能真正吸收每一個問題所蘊含的智慧。不用急於一時，請給自己一段時間內化。一次只專注於一個問題，直到你的心和心智都感覺圓滿。不要一下子就想解決多個問題，否則反而會被太多難解的問題淹沒，結果必定是消化不良。

開始閱讀之前，留給自己一點時間，好讓心安靜下來。就像書頁中的留白一樣，會給人更舒展的空間感，一段靜默的時間也能讓每個問題的意義更加滲透進你的心智中。當你準備好了，就可以開始完整閱讀一遍問題，然後再默念幾遍。

沉思一段時間後，可以做些筆記。寫下任何相關的想法、連結、見解或延伸出來的其他疑問，甚至還可以把問題抄寫下來——動筆書寫能幫助心智找到正確的答案。生命就是從我們的心智流出，再透過雙手顯化成真。當你的筆在紙上遊走時，將會同步啟動大腦中與這個主題有關的所有想法和記憶。親手寫下答案，可以幫助你更深入了解自己的真相，並將它牢牢鎖住在潛意識裡，這將影響你未

來的選擇與行動。

　　不要審查你的答案，也不要擔心語法是否正確，或琢磨書寫風格。這是你給自己的答案，沒有所謂的對或錯。如果你在某個問題上卡住了，千萬不要認為是自己能力不足，你只需要意識到深入探究需要多點耐心及意願。試著用一種讓你更有感覺的說法，重新敘述這個問題。如果有恐懼生起，很可能與你未能立即得到答案有關。沒關係！你的筆記本是專屬於你的個人探索空間，盡量對自己誠實，不加濾鏡、不加包裝地勇敢呈現真實的答案。請信任你內在的運作。

　　某些問題可能挑動你的敏感神經，或引起你的消極回應。例如，下面這個問題就對我有類似的影響：「我該從現在的……（例如困境或難解的關係）中學到什麼？」十多年來，每當我想到這個問題，就會忍不住唉聲嘆氣、翻白眼，因為我知道接下來會發生的是：我要對這個情況或關係衝突負起什麼責任。好吧！我本來只想把問題推到別人身上，或自己躲起來避開整場鬧劇！但是，讓我們厭惡或抗拒的問題，通常才是讓我們受益良多的問題。如果遇到了令你深感困擾的問題，請試著調整、重新組織一下文

字，換個說法看看，就像你在做某個困難的瑜伽體位時，會為了遷就自己的身體而稍微調整姿勢一樣。要是這麼做也沒有用，那就先跳過吧！等想清楚後，再回來看看這個問題。如果有兩個問題看起來很類似，請仔細辨別其中的細微差異。

當你思考書中提出的問題時，如果有任何疑問浮現，都要馬上寫下來。注意你是如何敘述這些疑問的，並特別留意「為什麼這種事會發生在我身上？」或「人生為什麼這麼難？」這一類的問題，因為這種問題只會讓你更無能為力。拿回自己的掌控權，重新組織這個問句。例如，你可以改成：「我能從這個事件獲得怎樣的成長？」或「我正以怎樣的方式在削弱自己的力量？」這麼做，你能更快速地接近真相，並有能力做出必要的個人改變。

或許你會想要和信任的朋友分享某些意義重大的問題，從對話中碰撞出火花。那麼，請務必提起你最喜歡的那些問題，並練習以積極、正面的思考方式來組織你的答案。養成持續的自省習慣，可以為你的個人成長、幸福感及喜悅帶來極大的好處。更重要的是，你要接納從這些問題所得到的新觀點，即便只有一個問題觸動你的心，那也

算是成功了。

　　現在就泡杯茶、拿好筆，開始動工吧！我希望你們會像我一樣喜歡這一〇八個問題。記住，這裡的每一個問題都帶著靈性之愛和希望，將能讓你憶起自己的美麗靈魂。如果你已醒來並做好了準備，現在就去看看生命要為你帶來什麼吧！

Chapter 1

改變

改變有風險,需要相當大的信心。對大多數人來
說,改變就像跳傘時沒有降落傘一樣可怕。但一
旦有勇氣縱身一躍,就會知道自己隨身帶著宇宙
降落傘,而且潛力無極限。

CHANGES

人類天生就具有自我平衡的能力，這種稱為恆定性（homeostasis）的設定是人體與生俱來維持內環境穩定的運作機制。因此，我們會抗拒改變是很自然的事。即使我們渴望事情轉變，但通常還是不會採取實際行動，因為我們更喜歡已知的感覺，而不是茫然的未知。於是，我們把自己困住了。

多數人都喜歡抱怨。這些牢騷多半是遇到問題時，單純為了發洩情緒，而不是思考解決之道。我們被困在負面的思考模式裡，忙著捍衛自己的觀點，平白浪費了珍貴的時間，無法把時間用於更好地認識自己的美麗靈魂、展現更和諧的生活。

雖然從這種處處受限的生存狀態解脫出來只需要一個轉念，但對多數人來說，改變就像跳傘時沒有降落傘一樣可怕。

改變有風險，需要相當大的信心。如果不能確定這樣做的結果是否值得，我們通常會選擇「靜觀其變」。我們逃避改變，因為它看起來很困難（而且往往也是如此）。要想改變，就必須有所犧牲，但沒有人喜歡失去或損失的

感覺。改變也需要力量，但由於我們通常意志薄弱，因此會習慣性地選擇熟悉的事物，即使它並不健康或根本損人不利己。

然而，逃避改變的終極原因，是我們認同這副有局限性的身體和人格（例如小我）。這個疏離、恐懼的自我，會為了維持現狀而不惜一切代價。

如果我們從未與更擴展的靈性白我（spiritual self）交好，或者沒有學會信任它，便會覺得生命無所依恃。事實上，每一個靈魂都早已自帶宇宙降落傘，只等著我們鼓起勇氣拉下舊思維的繩索，轉換到一個新的視角，並擁抱隨之而來的改變。

要啟動這種意圖明確的正向改變，首先要想想你現在處於什麼樣的困境中，可能是人際關係的衝突、舉棋不定的職涯選擇，或是對白我的評判或恐懼。你是有選擇的：待在現狀裡繼續浪費時間，或是慢慢走向敞開的大門，準備開始有意識地踏上精彩的人生旅程。你的靈性本質不可能永遠被忽視，而一個美麗的祕密是——一旦你有勇氣縱身一躍，就會知道自己真的無極限。

有意識的改變過程，以及在靈性進化上如何去啟動、完成並維持，就是我們開始提問之處。質疑自己的能力，是個人成長的基礎。正如愛因斯坦所說的：「如果有一個小時來解決問題，我們應該花五十五分鐘來確認問題為何……」因為一旦找到正確的問題，我們通常可以在五分鐘之內解決問題。

◈ 第 1 問 ◈

同樣的事要發生多少次，
我才會想要改變？

如果你在生活中陷入了某個困境，或對某個情況不滿意，或是意識到某種挫折模式一再出現，就要注意你對改變的整個態度。你覺得進退兩難嗎？抗拒嗎？害怕嗎？你可能會擁有以上的所有感覺，即便如此，你仍然可以繼續前進。如果你已經受夠了，也準備好要開創一種不同的體驗，就請告訴自己：「時候到了，我應該去面對這些恐懼了。」無論如何，先行動再說。你隨時都可以請求協助，事實上，請你一定要開口求助，千萬不要等到人生的警鐘響起、求救無門時。現在就開口請求協助，並敞開雙手來接受他人的幫助。

花點時間感受你的心，那裡已經準備好迎接新的生命體驗了。留意是否有任何的緊繃感，出現這種感覺是因為部分的你還停留在舊模式中。然後輕輕呼吸，在你的周圍

創造一些空間。改變的幾個基本要求如下：

- 承認你需要改變。
- 相信自己做得到。
- 非常渴望改變，以至於願意做所有該做的事。
- 願意克服改變過程生起的恐懼。
- 有需要時，願意請求協助。
- 有足夠的耐心，並對自己寬容。
- 放下對特定結果的執著。

我目前的生活，
有什麼需要改變的嗎？

　　不要考慮太久，首先浮現在你腦海中的答案，就是你應該優先關注的事。還有一種可能的情況是，你的直覺知道自己需要改變，但你卻一直在閃躲。如果你的思緒太亂、想太多，可以先暫停一下，做個深呼吸。讓自己盡可能安靜下來，然後再一次問自己：「現在我的生活中，需要優先改變的是什麼？」相信你的答案。

　　相反的，如果你的腦袋一片空白，可以出去走一走，但不要戴耳機，也不要使用手機。只是單純地出去走一走，讓你的思緒到處遊蕩，汲取周遭環境的能量。通常這麼做之後，線索就會浮現出來。給自己一些時間，去好好想像一個新的現實。如果還是沒有答案，就跳到下一個問題，好幫你釐清思路。如果你的生活中有個領域一直都需要改變，也請密切注意接下來的這個問題。

♦ 第3問 ♦

我在抗拒什麼？
這份抗拒是想讓我知道什麼？

　　想想你都用什麼方式來逃避改變。或許早在幾個月前、幾年前，你就知道有些事情需要改變。但你遲遲不願採取行動，對正向改變的抗拒正在告訴你什麼。這種情形意味著，在改變的需求底下，還有一個更強大的需求。那是什麼呢？除了你認為要優先改變的事之外，還有什麼事對你來說更重要呢？例如，你明知道自己需要運動卻一直在抗拒，或許你意識到自己更需要的是身體或精神上的休息。因此在生活中多加進一件事（運動），會讓你感覺到負擔。如果你能讓自己的身心獲得它所渴望的休息，就能輕鬆地進入一種自然的運動節奏。

　　好好想想，你都是用什麼方式拒絕自己真正的需求？然後花點時間抽離出來，用旁觀者的角度來看看你現在的生活，就像好朋友一樣。從朋友的角度來看看你現在的情

況，然後聽聽他會怎麼說。改變視角，能為你帶來新的想法。這個練習可以稱之為「見證」（witnessing）或「抽離」（disidentify），能夠藉此找回內在的平靜和沉著，這也是一個很好的方法，能讓你認識到自己這一刻擁有無數的可能性。

◇ 第 4 問 ◇

我在擔心如果真的做出了改變，
會有什麼後果嗎？

所有的改變都會擾亂現狀，至少短時間內是如此。由於擔心這一點，所以我們往往為了避免這種不適感而抗拒改變，即使長遠來看能帶來更多好處。如果已經意識到自己必須改變卻未能採取行動，就必須釐清潛藏的恐懼是什麼，並仔細檢視保持現狀有哪些可以察覺到的好處。逃避改變的責任，會讓我們內心煎熬不安，而這樣的內在衝突會帶來焦慮。當我們待在這樣的狀態下越久，痛苦的時間就越長。

沒有人能幫你改變，也沒有人能逼你改變。你所有的猶豫不決，只是在浪費時間及浪費生命。主動改變的你，正在把新的可能性帶入生命之中。就像在長長的冬日之後，終於把窗戶打開，讓春天的新鮮空氣流入。如果你沒有這樣做，就會因為與內在自我的不一致，而滋生出煩躁

與不安。這種停滯讓人快快不樂，甚至可能帶來不幸或死亡（不是發生在身體上，至少也會對心理產生不好的影響）。要想走出這個困境，你需要重新編寫你的內在劇本——用慈悲及肯定的想法，來取代所有自我否定的想法。你的直覺會告訴你需要改變什麼，而你也知道，除了你，沒有人能採取行動去改變。所以，開始行動吧！去做點什麼都好，只要開始就能造勢，累積動能。

◈ 第 5 問 ◈

我是如何習慣對自己說謊的？

人們找藉口不願改變的一個主要方法，就是欺騙自己：「等我有時間就去做……等我平靜下來就去做……等我事情少一點就去做……」等等。我們知道自己什麼時候在欺騙自己，這些藉口只會讓我們停滯不前。說謊對你沒有任何好處，更不用說無法帶給你真正的快樂了。

如果你已經意識到自己需要改變，就不要再自欺欺人、一再拖延。拖到明天，你也不會做；拖到下個月，你的時間也不會變多。這是一個瘋狂的世界，除非你回應生命、做出必要的改變，否則你的壓力只會有增無減，內心也不可能得到平靜。自由來自不遮遮掩掩，現在就把你對自己說過的最大謊言寫下來。如果不止一個謊言，就全部都寫出來。今天就把這些毒素驅趕出你的身體。

◇ 第6問 ◇

我有設下尊重自己的界線嗎？

　　不投入足夠的精力，改變就不可能發生，這一點也讓很多人無法採取行動去改變。這些人中不是忙得分身乏術，就是對他人過度付出而忽略了自己的需求。要是你不懂設下自尊自重的適當界線，這樣的情況會永無止境地持續下去，最後甚至心生嫌隙。嚴重的話，可能還會病倒，因為潛意識知道我們亟需一段屬於自己的時間。這樣的結果，絕對不是我們想要改變的初衷。

　　養成每天放鬆的好習慣。透過放鬆肌肉及心理上的臣服來管理壓力，在一天結束時，一定要保留一些精力來冥想，即使只有五到十分鐘都好。為自己創造好好休息的空間、接受自己的現狀，就能保有可用的能量去傾聽靈魂關於改變生活的重要訊息。

♦ 第7問 ♦

以往正向的改變，
我是如何辦到的？

我們都曾在某個時刻經歷過生命的挑戰和試煉。回頭看看，我們會發現那些考驗幫自己培養並蓄積了力量，現在我們可以有意識地喚醒它們。為了應對曾經的難關，我們在過去發展出了許多可用的策略。寫日記、預約療程、和信任的朋友在一起、到大自然裡獨處散心、做瑜伽、透過靈氣或按摩來平衡能量……這些都是人們在遭受創傷或痛失所愛後，為了幫助自己重拾平衡而採取的幾種常見方法。好好哭一場，也是很棒的自我療癒方式，時間也能撫平傷痛。

回想一下，你曾經用過什麼技巧或策略，讓自己度過生命困境？或許，你被迫結束了一段渴望的關係，但當時的你並沒有因此而憤怒和自我批判，因為你的決心勝過失去的痛苦。你抓住機會，為失去賦予新意義，好讓下一段

感情獲得過去未能擁有的高品質。你重拾內在平衡，並看
穿眼前的挑戰是在為你未來的新戀情做好準備。你有意識
地克服了挑戰，從而獲得了更高層次的覺知及更大的力
量。現在，你帶著這些收穫投入即將到來的改變。

有什麼方法
能讓我的身心更和諧？

　　生活方式改變，人生也會跟著改變。透過一個個選擇與行動，我們創造了自己的命運。自我實現是有意識地選擇最好的方式，活出身心最和諧一致的自己。要做到這一點，就必須讓身、心、靈合而為一。有時候，我們的身體會出於習慣而行動，而不是按照靈魂所認為的最佳路徑；有時候，心智會魯莽地驅使身體，即使身體知道那對自己沒有好處。

　　事無大小，請開始留意你的每一個選擇。看看自己是如何選擇那些符合預期或看似最適當的選項，而不是真正適合自己的決定。或許你總是表現得不如真正的自己，於是不斷耗損生命，直到陷入自我厭惡、憂鬱和麻木的泥淖中。就算你因為太累或沮喪到無法做出任何大動作，還是可以在今天為自己的健康、身心整合，做一個意圖清楚的

優雅選擇。帶著讓身、心、靈更整合的意圖去選擇，就算只是一個小小的動作、一個正面的想法，都能促使改變發生。這樣做，你將會累積更多的力量與韌性，真正活出你想要的人生。

◈ 第 9 問 ◈

什麼問題是我
一直都不敢問的？

———————————

　　這個問題看起來像是腦筋急轉彎，尤其是在這樣一本以問答形式為主的書裡。我們要如何知道自己不知道的事呢？當我們檢視自己的恐懼時，一定會看到自己選擇的是保守、安全的做法而不是大膽的創造，選擇的是令人窒息的現狀而不是未知的自由。我們不能因為那些缺乏意識的選擇而怪罪自己，但一旦意識到那些選擇是對自己不利的，就必須約束自己的心智歷程，遵循一條通往身心平衡的健康之路，這一點非常重要。

　　如果有一個你害怕去面對的問題，可以試著先問問家人、朋友的想法。接著，找一天和這惱人的問題好好約個會，把它從陰暗的角落裡拉出來，讓它告訴你，你有哪些需求正等待著你的回應。一旦想清楚後，記得為你的勇氣好好犒賞自己。

Chapter 2

價值觀

價值觀是身手矯健的守門員，當我們面臨挑戰或是被更輕鬆的捷徑誘惑時，價值觀是最後的一道防線。如果我們不尊重自己所珍視的價值觀，生活就會變得支離破碎，不斷地做出錯誤的選擇。

VALUES

價值觀決定了我們是誰，也為我們的人生設定了路線。如果無法確立自己的核心價值觀，我們的生活就會充滿了不確定性，經常搖擺不定。相反的，一旦我們清楚知道什麼最能代表最好的自己、什麼又是最高的準則，就能站穩自己的位置，所有決定就會有一個強大的基礎，並為向前邁進的每一步提供穩定的參照點。

　　價值觀決定了我們對自己的最高期許，也讓我們有能力分辨生活中的每一個活動或每一段關係，是讓我們更接近或更偏離人生目標。我們會知道什麼對自己的心理健康及幸福感是至關緊要的，並對我們的目標、精力及時間有更合理的規畫與使用。我們會知道生活中哪些東西能夠發揮作用，而哪些東西是無用的，也能夠輕鬆地辨別人生道路中的干擾因素，並將複雜的事物化繁為簡。

　　如果你從未想過什麼是你真正的價值觀，或是這件事讓你望而卻步，不要擔心，因為不是只有你會這樣。有些人寧可迷迷糊糊過日子，甚至下意識地認為這樣才最安全，或者幫自己找個理由叫「順其自然」。這種缺乏行動力的狀態，成了他們不作為的自說自話。然而，即使沒有宣之於口地表明自己的態度，也不意味著要隨波逐流，讓

自己的內心得不到滿足。如果我們的生存方式無法尊重自己所珍視的價值觀，生活就會變得支離破碎，不斷地跌跌撞撞做出錯誤的選擇。一旦身心未能確實整合，就會渴望從外在世界獲得指示，指望他人來讓自己有活著的感覺，而不是從自己的內在找到能量和自信。如此日復一日，我們既消磨了自己，也浪費了珍貴的生命力。

當你釐清個人的價值與優先順序，就會知道什麼能讓你維持平衡、持續前進。清晰的價值觀能幫助你走出自己的路，因為你確定了自己的目標，制定好了自己的行動計畫。你勇敢地為真實的自己而活，並因此變得更強大、更自立、更快樂，而且更看重自己，也更尊重自己。

在第四章，我們會討論和個人意願與意志力有關的主題，要想運用這兩種力量，就必須先明確定義自己的核心價值觀。唯有當我們與內在最深刻的真相一致時，才能啟動改變的意願。至於遵循理想而活的決心，則需要強大的意志力，以及控制想法、態度和行為的能力，尤其是當我們面臨挑戰時，或是有更輕鬆的捷徑誘惑我們時。

花點時間想一想，最近你最常被問到什麼問題？從這

些問題中，你能看出對方是什麼樣的人嗎？有人或許會好奇你最近學了什麼、看了什麼書，這意味著他們看重的是智識的追求。有人或許對你的生命經歷更感興趣，想知道這些經驗如何影響了你的內在狀態，這意味著他們看重的是內在及個人的韌性。

再好好想一想，你通常會問自己或問別人什麼問題？從這些問題，可以看出你的價值觀。如果你不是一個經常發問的人，這也是你的價值觀之一。以下是本章的幾個問題，它們將幫助你進一步釐清你的價值觀。

◈ 第 10 問 ◈

我日常生活的
優先事項是什麼？

　　人們通常會做自己想做的事。我們的每一個選擇，都清楚說明了自己的優先事項，而這些優先事項直接反映了我們的價值觀。

　　我們的所有選擇都在某種程度上滿足了自己的需求，即使是選擇逃避也一樣。當你決定按照自己明確選擇的價值觀生活時，你就再也不能閃躲了。違背價值觀，你就難以感受到真正的幸福。

　　首先，請列出生活中通常你會優先考慮的活動和人。想一想，這些選擇反映了什麼樣的核心價值觀？你為這些付出了寶貴的時間和精力，如果你優先考慮的事項和你真正看重的價值觀不一致，就需要重新調整順序了。為什麼會出現這種落差呢？原因通常是你還沒有釐清自己的價值

觀，或是對於那些優先事項，有一種「必須」、「應該」或「不得不」的感覺。請記住，你永遠有選擇的權利。試著把所有的「必須」、「應該」和「不得不」換成「可以」，然後看看你的選擇是否會不一樣。請帶著清晰的意圖，來使用你的創造能量。

◇ 第 11 問 ◇

我擁有的東西，
說明著我有什麼樣的價值觀？

請誠實評估你的居家環境。從物件的多寡和品質，你很快就能看出其中昭然若揭的價值觀。想像一位素昧平生的異鄉客走進你的家，他會從居家擺設如何看出和評價你的價值觀呢？

現在，想像有一場自然災害即將發生，你被迫要儘速逃離，而且只能帶走十件物品；這個練習會幫助你快速辨認出什麼對你最重要。注意列表中是否有你意想不到的東西？接著，確定你選定的所有物件都有共同的意義或價值觀；最後，評估一下你目前的生活環境和所有物是否準確地反映了你的真正價值觀？

看看家裡是否有你想斷捨離的東西，這些東西具有什麼樣的特質？如果你決定留下它們，就代表你支持了這種

價值觀。相反的，當你決定擺脫它們時，就是在支持另一種全然不同的價值觀。假如大多數的所有物都無法反映你所認同的價值，意味著你必須來一次大清理了。你擁有的每一樣東西，無論大小，都代表了你主要的價值觀。

◇ 第 12 問 ◇

我什麼時候對自己最滿意？

　　想像自己短暫出走，抽離你的人生，像看電影一樣地旁觀著你的生活。有幾幕，你看起來是快樂、活躍的；有幾幕，你看起來是停滯不前的、抑鬱不得志的。注意是什麼樣的人、對話和活動，讓你對自己感覺良好。其中隱藏著一些核心價值，確定是哪些價值觀。同樣的，去審視一下那些讓你不快樂的場景。當你選擇如何消磨時間，以及跟誰在一起時，不妨看看是否違背了你的價值觀，並找出是哪些價值觀。

　　如果這部電影的主角處於失衡狀態，他需要做什麼改變，才能讓自己的心靈與心智變得更平靜？請改寫劇本來幫助你這個角色，讓他把精力放在最重要的事情上。現在開始謹慎選擇能夠支持你最高價值觀的活動與關係，用來改寫自己的人生劇本，讓你能夠自尊自重地活得自在開心。

◇ 第13問 ◇

我願意為什麼事情
奉獻心力？

奉獻是心的召喚，和我們最重視的價值觀有深刻的連結。奉獻不是一般的承諾，不是來自義務、負罪感或自我要求；奉獻是不同的，它充滿了愛，因為我們只會為所愛全心奉獻。

好好想想，你的心正在召喚你什麼？它要你做的事如何反映了你的核心價值觀？或許你一直忽略了內在的訊息，但只要你想過真實的人生，就必須敬重內心的智慧，就像尊重大腦的智識一樣；否則你的人生將建立在不完整的真相基礎上，只能活得支離破碎。注意現在的你有多相信自己，以及這樣的信任程度是否符合你真正的價值觀。如果你還不太確定自己要做什麼，就讓愛帶你走向正確的方向。如果目前的你沒有投注心力在任何事情上，請試著更深入地傾聽內心的聲音，聽聽它需要什麼。

◈ 第 14 問 ◈

在生活中，
我希望能擁有更多什麼？

　　每個人心中都有從不止息的渴望。我們在內心竊竊私語，希望有更多的時間、更多的錢、更多的幫助、更多的創造性機會，以及更多能點燃激情的事物。這些渴望有時鮮明、有時沉寂，卻總有個喋喋不休的聲音說著：「我需要更多。」你知道自己想要的是什麼，而你至少有件事可以做：跨出一步，讓自己離它更近一點。

　　安排時間和自己約個會，或把這個時間專心用於你的其中一個渴望。你可以製作一個願景板，擬定計畫，幫助它們顯化成真；或者開口請求朋友的協助。如果你目前的財務狀況不足以支持你追求想要的東西，就從今天開始每天為它存錢吧！即便是一塊錢也好。

　　如果是其他東西阻擋你追求渴望，問問自己，它是否

代表了什麼更深層或次要的價值觀。最後，想想現階段，
你應該做的是學著滿足於當下、安於現狀，或是尋求改
變。無論你選擇了哪一個，都要確保這個選擇能夠榮耀你
最核心的價值觀。

生命中的哪十樣東西，
對十年後的我來說最重要？

在你完成這份清單後，請回到【第10問】，看看清單中的十樣東西，有哪些是你生活中的優先事項。如果只有幾樣或完全沒有，代表你可能需要重新調整你的日程表了。如果你列不出十件東西，可以試著想像，現在你想要什麼，這些東西對十年後的你也同樣重要。花些心力，去想這些事物可以怎樣被創造出來。如果你還是很難想像出來，就這樣想：「如果我最多只剩一年的時間可活，對我來說什麼是重要的？」

如果你正被不喜歡的事、對你無益的人困住，就是在侵蝕著你的完整性、創造力和生命力。活得簡單一點，放下過多的承諾，以及那些不符合你核心價值觀的財物。你越是守住自己最高的價值觀，就越容易活得簡單。重新安排你的生活，讓生活變得更精簡、順暢。

◈ 第 16 問 ◈

我想和什麼樣的人建立關係？

　　無論在私領域或職場上，你選擇和誰交往，都是非常
重要的事。當你努力遵循自己核心的價值觀而活時，身邊
的人可能有三種態度：鼓舞你、保持中立，或帶來負面影
響。選擇有共同價值觀且能鼓舞你的夥伴，這對你非常重
要。仔細觀察一下，你在一段關係中重視的價值，是否跟
你的伴侶、朋友和同事所重視的不一樣？

　　如果對方無法為你帶來正面的影響，你可以設下健康
的界線，限制和他們相處的時間。可以的話，對於那些失
去也不覺得可惜的關係就當斷則斷吧！在別人身上，你最
欣賞的特質是什麼？想想自己如何培養這些特質。與同樣
價值觀的人交朋友，尤其是那些價值觀比你層次更高且確
實能做到的人。多和積極向上、激勵人心的人在一起，在
你找到合適的夥伴之前，可以試著學會跟自己相處。

◇ 第 17 問 ◇

什麼對我的人生來說
最有意義？

　　一開始，你的答案可能是一個你深愛的人、追求創意的渴望，或是一項使命。認可這些答案後，再深入去看看你和這個人的關係或在這股激情中，是什麼讓你覺得特別有意義。答案或許是被所愛的人需要的感覺、能為別人帶來幫助的感覺；或許是你透過某種方式對人類的福祉有貢獻；或許是當你用獨特的方式分享創意時，可以感受到真正的快樂。請試著定義你和這個人的關係中或從事的特定活動中，你最看重的價值是什麼。

　　此外，你還要考慮到各個國家、宗教和哲學所推崇的普世價值。和平、正直、愛、尊重、責任、公平、慈悲和符合正義的行為，是構成我們幸福感的基礎。這些價值觀讓生活更充實、更和諧。或許你可以找到新的方式來落實這些價值，或許現在正是你去追求新人生意義的時候。

◇ 第 18 問 ◇

在我的內心深處，
「我」代表什麼？

暫時忘掉你在生活中扮演的各種角色、人際關係現狀和工作頭銜。請向內看，是哪些特質構成了你的內在本質？你是慈悲的、有愛的，或是幽默風趣的人？每個人都有一個核心特質，那是我們埋藏得最深的本性，是我們與生俱來就有的特質，不是後天學習而來的。一旦你明白是什麼特質構成了你的核心，你就能根據這些特質，為自己和他人做出強大的內在承諾。內在承諾與目標不同，目標是你想要在這一生實現的事，而內在承諾則是在本質上定義了你為什麼要如此行動的原因。以下是幾個例子：

* 我所做的選擇是基於愛，而不是出於恐懼，因為我是勇敢的。
* 我做正念練習，因為我很好奇。
* 我帶著慈悲心說出真相，因為我是善良的。

現在，根據你的核心身分，把你的內在承諾寫下來。如果你還不是很清楚，可以想想看你希望別人感受到你的哪些特質，以及你希望透過自己的選擇來傳遞哪些特質。接著，請根據你最重要的兩個內在承諾或特質，試著寫出你的個人宣言。例如：「我會勇敢地走過這一生，在每一個選擇與每一段關係中踐行真理和良善。」

Chapter 3

信 念

不斷重複的想法創造出信念，從而形塑了我們的
日常生活。信念可以限制我們，也可以放我們自
由，積極、正面的信念是我們最有力的盟友，而
消極、負面的信念則是我們最大的敵人。

BELIEFS

一旦我們清楚了自己的價值觀、確認了需要的改變，就可以接著看看還需要什麼來落實這些支持自我價值觀的改變。要做到這一點，首先得從能量層次著手，因為能量是一切的基礎。能量是宇宙的創造力，也就是透過意識來顯化成形。想法或意念是創造的工具，能夠活化並引導能量。每一個起心動念，都是在把能量導引到一個特定的方向。因此，我們必須評估這種創造性能量是被用於改善生活，或是在破壞生活。

每當我們允許想法反覆出現，就是在一次次地強化它的能量。持續以某種模式思考，會在能量場上形成一個信念藍圖，同時在大腦中創造出一條神經路徑。每重複一次相同的想法，神經路徑就會再一次被強化，直到這些想法自動在腦中重播。重複的想法創造了信念習性，而這些信念習性則直接形塑了我們的日常生活。

從這條能量法則來看，想法和信念可以成為我們最大的敵人，也可以成為我們最有力的盟友。它們可以限制我們，或放我們自由。想法的傾向是生活中最強大的創造力量，我們必須有意識地加以管理及掌控。我們所想的、所做的，決定了我們是誰。

幸運的是，我們有能力可以在任何時候改變自己的想法、信念及習慣，也因此，我們可以在生活經歷中創造改變。我們可以把它想成是一個封閉式的循環：信念驅動選擇→選擇創造經驗→經驗鞏固信念。我們就這樣一圈又一圈地不斷循環。如果想要改變我們的體驗，就必須改變信念，這是打破惡性循環的唯一破口。

　　質疑自己的信念，可以讓我們擺脫潛在的無知、平庸與習慣性回應，這是讓生命得以不斷演進的一個方法。與其為自身的不足或曾經的過失而陷入自我批評，不如用正面的特質來取代這些負面思維。我們可以用勇氣來取代恐懼、用創意取代無趣、用自我尊重來取代批評、用調適力來取代僵化。有效管理想法，能夠幫我們涵養自我價值，讓我們感覺良好。這樣做，就能掌控自己的生活。

我腦袋裡的想法是在幫我，
還是在害我？

即使某個想法或信念一直存在於你的腦海中，也不表示它是真的。別讓習慣性的思維模式困住你。辨認出腦海中哪些聲音是來自過去的你，尤其是那些不好的、會打擊你的，或完全沒有愛的聲音。

任何無益於快樂及幸福感的想法，都應該馬上一鍵刪除，就像刪掉信箱裡的惡意郵件一樣，毫不猶豫。接著，立刻把腦海中那些正在打擊自己的想法或信念，置換成相反的正面信念。

想想你在上一章確定的核心價值觀，並看看你腦袋中的想法是否能夠支持它們。只有那些能夠彰顯個人價值觀的想法，才可以進駐你心智的時空。選擇一種更仁慈、更能肯定生命的方式來和自己對話，讓自己自由。現在就對

你的信念系統進行徹底的檢視，釋放你自己。丟掉那些在你有心改變時一再勸退你的念頭。你是一個無極限的靈魂，隨時都準備要大放異彩。

我過度依賴的信念是什麼？

有時候，我們明明知道某個信念會傷害自己，卻還是執著地抓住不放。就像一件舒服的舊衣裳，雖然破舊卻捨不得丟掉。信念很頑強，即使一再證明它是錯的，我們還是難以放手。就像舊衣裳放著只會占據衣櫥的珍貴空間一樣，這些念頭也必須離開。要釋出這些信念，首先得找到藏在底下的恐懼是什麼：「如果我捨棄這個信念，會發生什麼事？」想像一下，當你改變這個信念後，最壞的情況會是什麼？最好的情況又是什麼？或許這個信念對你來說，還有一些用處。如果某個信念曾在過去發揮作用，你可能會下意識地認為，它以後還會有相同的作用。

但遺憾的是，恐懼會讓你心生依戀，也會蒙住你的眼睛。事實上，只要你帶著覺知和勇氣全然地活在當下，就能帶來更多你想要的安全感。把那些會限制你的過時信念，替換成能為你帶來更多可能性的信念；把那些干擾你

真正渴望的活動，替換成能支持你真正核心價值觀的活動。一旦你成功轉念，將生命經驗的主導權握在手中，就可以超越執念，進入一種順應環境變動的調適性，為任何需要的轉變做好準備。

我正在捍衛或
防備什麼嗎？

　　只要你生出了自我捍衛或防備的心理感受，就是一個需要注意的訊號。這表示，你在某些方面感覺受到了威脅。在這個脆弱的時刻，如果你能安靜坐下來，傾聽心中這塊柔軟的地方想要說什麼，就能放下防衛心態，從而真正理解自己，而不是去爭取別人的認同或尋求他人的理解。當你感覺到需要挺身捍衛自己的立場時，這麼做將大大減輕你緊繃的情緒，並幫助你接納自己，更能心平氣和地與他人溝通。

　　防衛心態通常是想要掩飾自己的缺點，但同時它也會讓我們受困於自我意識及自己的世界裡。選擇自我保護不會讓你快樂，只會孤立你。當你承認恐懼背後的真相時，就是在勇敢做真正的自己。每個人的內在都有矛盾，當我們試圖表現得完美無缺時，就是在悖離自己的完整性。我

們必須放下熟悉帶來的安全感，才能提升自我覺知到達一個新高度。放下自我防衛的習慣，才能從內在深處感受到一種精神上的快樂，這種快樂比任何物質上的成功都要持久得多。

困住我的自我設限信念有哪些？

以下是多數人常見的幾個自我設限的信念：

- 我不配。
- 我不討人喜歡、沒有人愛。
- 我不夠好。
- 我不像其他人那樣。
- 我是孤獨的。

這些自我設限的信念會影響生活的各個方面：教育、工作、人際關係和健康。一再重複、鞏固這些信念，只會讓同樣的外在經驗一再重演。仔細看看你的生活模式，類似的經驗可能早以各種不同的形式發生過無數次。

或許你不斷遭受到不同形式的背叛，或者被不止一個人拋棄；或許你經常被無故開除或遭受不實的指控。請注

意你對這些模式的看法，有什麼是你深信不疑的？你的答案，就是你核心的自我設限信念。接著，再評估自己在這些領域的行為、溝通方式及自我防衛的心態。走出這永無止境的惡性循環，停止強化那些你不想再有的經驗。每天花幾分鐘冥想，觀想在心智中重複上演的內在循環，然後有意識地抽離開來，用愛擁抱自己。一段時間後，你將會遠離這些限制性模式，直到它們不再是你的一部分。

為什麼我認為自己是 _____ ？

　　認出對自己的負面想法最初是在何時、何地以及為什麼而形成，這一點很重要，因為這些內在衝突會造成外在世界的挫敗感。例如，你注意到自己有這樣一個信念：我認為「自己是不被支持的」，其中的核心限制信念其實是「宇宙是匱乏的，而不是豐盛的」。在不被支持的信念背後，還可能藏著其他的負面信念，例如「與其請求他人協助，不如犧牲自己或自力更生」，或「我不配得到幫助」。只要你的意識中還存在著這一類的想法，恐懼就會不斷加深「我孤立無援」的信念，並顯化為日常經驗，而一再地匱乏又會進一步助長你的恐懼。直到你大聲喊「停」，然後一個接著一個地把這些自我設限的信念替換掉，這樣的循環才可能停止。

　　決定你想要有什麼體驗，以及為了實現目標你需要什麼樣的信念。以上面的例子來說，如果你想擁有被支持的

體驗，可以從以下信念擇一採納或全部採納，並以肯定語形式來強化：

- 我生活在一個富足且充滿愛的宇宙裡，它以無限的資源支持我。
- 當我尋求協助時，會得到大量的幫助。
- 我是「一」意識的一部分，因此我一切具足。

◆ 第 24 問 ◆

我最糟糕的習慣，
滿足了哪些內在需求？

　　這樣的反思特別有趣，因為它能讓我們看到真正需要處理的信念是哪一個。不要在得到第一個明顯的答案後就停下來，要再繼續探索更底層的需求。任何糟糕的習慣，都一定滿足了你的某個需求。例如，假設你最糟糕的習慣是每天晚上都要喝酒，首先你得到的答案很可能是「我需要放鬆」。

　　再深入挖掘，你會發現需要放鬆，是因為你想在工作及照顧自己之間取得平衡。再深入一點，你會發現這是因為你需要留點時間給自己的需求，好承認不管是你所愛的人或是你自己，你們的需求都一樣重要。再繼續往下挖，你還會發現，這是因為不管你為別人付出了多少，都需要認識到自己的價值。看看在「每天晚上都要喝酒」的這個習慣底下，攜帶著多少不同的信念。

這些習慣會一再重複，直到你辨識出最深層的內在需求，並選擇一個新信念來認可這個需求。以上述例子來說，新的信念很可能是：「我值得好好照顧自己，並擁有一個平衡的人生。」當你讓真相顯現，就會找到更多滋養靈魂的方式，以認可自己對放鬆的需求。

◈ 第 25 問 ◈

我是否已經把不快樂
變成了一種習慣？

當你選擇不快樂時，就沒有任何人能讓你快樂起來。
同樣的，如果你相信自己是快樂的，就沒有誰能讓你不快
樂。就是這麼簡單。

快樂是一種習慣，不快樂也是一種習慣，如何選擇都
是你說了算。誠實地問問自己，是不是對不快樂或情緒化
上癮了？如果你發現確實如此，那麼首先要做的，就是把
你的期望攤開來看一看。很可能你對自己或他人的期望太
高了。請用更實際的角度來調整你的期望。

接下來，就像克服任何壞習慣一樣，反其道而行很重
要，也就是集中精神去創造另一種正面的習慣來代替。無
論外界環境如何，都選擇樂觀、勇敢對待。練習微笑，練
習活得快樂。下定決心，絕對不讓其他人的行為影響你內

心的平靜。對這個轉變的過程要有耐心，並意志堅定。尋求更深層次的靈魂喜悅，而不要像多數人只著眼於一時的快樂。要懂得感恩，這需要經常練習。把注意力放在如何付出，而不是只想著滿足自己的欲望。

◈ 第 26 問 ◈

如何在面對困境時，
依然保持正面的心態？

即便你很積極要活得快樂，但在遇到挑戰或難關時，還是很容易功虧一簣。在這樣的時刻，應對悲傷、擔憂和恐懼的最好良藥，就是單純的感恩。

感恩目前仍然美好的事物，感恩你遇到的好人，反覆去想、去說、去念誦感恩的話語，來消除負面的情緒。堅信自己有力量，堅信自己是自由的，並消除自己無法改變的所有疑慮。練習敏銳地監看自己的想法，不給任何消極、否定的念頭有存在的空間。全神貫注地認可那些愉悅的想法，因為創造改變的能力主要取決於注意力的品質。

用正確的方式努力，就能培養出積極的人生觀及自然而然的正向思考習慣。現在寫下五個正面的想法，接著再寫下五件值得你感恩的事情。如果可以的話，盡可能與積

極、樂觀的人相處，這樣的能量場能滋養你的靈魂，並讓你的努力事半功倍。相反的，要避免和那些會澆你冷水、破壞你樂觀心情的人事物在一起。

◈ 第27問 ◈

我的信念是餵養了小我，
還是滋養著靈魂？

　　任何時候，你的意識都可能被小我帶著走，也有可能受到靈魂的引導。伴隨著每一種意識狀態而來的想法、信念及感受，有非常大的不同。

　　要檢視這個問題，可以注意你的想法與信念，是否會讓你感到分離、不足、恐懼、防備、絕望、無力、挑剔、批判、困惑或孤獨。如果是的話，就可以肯定以上這些情緒都是小我創造出來的，同時也餵養著小我的需求。遺憾的是，許多人長時間都處在這樣的狀態中，但這些狀態並不能讓我們過上幸福的生活！然而，你不必如此。你可以用慈悲之光來消融這些立基於小我的信念，並透過更多立基於靈魂的信念來粉碎小我對你的操控。

　　那些讓你感覺到連結、平靜、開放、滿足、無私、不

執著於結果，以及對生活感到自在滿足的信念，就是由靈魂創造並滋養靈魂的信念。這些信念才是你應該善加培養的。請注意，狡猾的小我隨時會趁你不注意時奪回思維的掌控權，這時，請溫柔地讓靈魂回到它應有的位置，重新主導你的意識。

Chapter 4

意 願

改變會失敗的關鍵在於缺乏意志力，而意志力的
強弱在於你對改變的意願有多強。意願，足讓你
心甘情願地去做某件事的動力，也是你克服抗拒
改變的利器，它會讓你在面對挑戰時也不動搖。

WILLINGNESS

許多人有改變的意願，卻因安於現狀而裹足不前，直到多年後，才在悲傷、疾病或其他形式的痛苦折磨下，被迫真正行動。前面幾章的內容，已經為我們的改變做好了準備，我們意識到什麼需要轉變，以及要朝什麼方向前進。然而，即便我們知道自己想做什麼，也可能會抗拒採取行動，因為我們不願意經歷改變可能帶來的未知挑戰。也就是說，我們還沒有足夠的意志力去改變。因此，誠實地評估自己對於完成這些個人功課有多少意願，這會給你帶來很大的幫助。只有這樣，你才能更深入地發展個人的意志力。

　　我們都曾經聽過「他失去了生存意志」這一類的話，真是一針見血的描述，因為意志就是引導能量和創造力的力量。失去意志，就等於失去能量；而沒了能量，也就沒有生命可言。我們的意志越是強大，用於創造的能量就越多；相反的，意志越是薄弱，流經我們身上的創造力就越少。至於增強意志力的關鍵，在於意願，也就是心甘情願地去做。說得更詳細一點就是，我們要克服抗拒改變的心態，進入一種輕鬆自在的心流狀態，用愉快、合作的態度去駕馭起伏不定的生命長河，即便是處境艱難也不動搖。

智慧和意志是支配生活經驗的兩大主要力量。智慧是關於真理的知識，是我們內在的測距儀。意志是我們發送出去的能量之箭，將智慧發射到目的地並顯化出來。如果少了智慧，意志就只是一種習慣而已；而少了意志，就連靈魂的智慧也將無用武之地。因此，智慧與意志是維持健康和活力必不可少的，而且缺一不可。

　　一旦智慧與意志能夠以理想方式結合在一起，我們的選擇就不會來自於自以為的「我應該」做什麼，而是來自於我們真正知道「我必須」做什麼。一旦走出自己的舒適圈，開始踏上成長之路，就能獲得自信。當然，有時恐懼還是不免會生起，但有了直覺的適時提點，我們能感知恐懼究竟是來自真實的危險，還是現在的心理狀態所想像出來的威脅。最後，當我們用愛來灌注自己的意志，把持續的努力投入在有價值的活動時，宇宙的力量會以無比美妙且意想不到的方式幫助我們。

　　以下是增強意志力的實用技巧，可以幫助你走上正確的道路：

- 從小處著手，每天都做一些有挑戰性的事。

- 選擇有共同目標和價值觀的好夥伴，並遠離那些缺乏動力和熱情的人。
- 願意接受他人的批評和意見。
- 接受挑戰，而不是抗拒挑戰。
- 認可自己有能力可以拒絕壞習慣。
- 培養高度的專注力，因為注意力在哪裡，能量就在哪裡。
- 對非必要的身外之物要節制欲望。
- 消除疑慮，因為疑慮會消磨意志。
- 控制自己的多愁善感。
- 每天花點時間獨處，練習自省。
- 不放棄任何一個值得追求的目標。
- 確立目標，火力全開。

◈ 第 28 問 ◈

我願意做好我的人生功課嗎？

希望問題能夠自行解決或消失不見，這是不可能的。不管你打算去做些什麼，或甚至有心想要改變，如果缺乏足夠的意願，都不可能成功。

所有改變都免不了需要一些犧牲和捨棄，放下舊信念及舊行為，才能為新信念及新行為騰出空間。要做到這樣，需要具備清晰的意圖、堅定的意志，以及確實採取行動。你的行動必須精確、前後一致，還需要持之以恆，直到你希望的改變落實成真。你的意志力是關鍵，你的意願是否強烈到可以一次又一次地選擇必要的行動，並不斷付出努力？

由於習慣性的反應總是潛伏著伺機反擊，隨時準備在你的進化旅程中扯後腿，因此很重要的是，任何時候都要把你的注意力集中在最崇高的靈魂特質之上。意志力就是

一種靈魂特質，是你與生俱來的神聖本質之一。你越是以神性為中心，就會變得越強大，因為當你的目標與靈性一致時，早已準備好的無限精神力量就會力挺你，提供你需要的支持。專注地去感覺你的靈性力量，並將所有的心智缺陷都燃燒殆盡。不要聽信任何與無限潛能背道而馳的想法，你要超越限制性的集體意識，選擇自由。持續冷靜地運用你的意志力，勢必會得到來自無限宇宙的回應。

◈ 第 29 問 ◈

什麼是我意識上的弱點？

恐懼、消極、擔憂、懷疑、懶惰、自我設限的想法、過度的感官刺激、自私的動機，甚至喜怒無常，都會削弱你的意志力。前後不一、往外尋求認可，更會讓意志力完全癱瘓。如果你受夠了在困局裡打轉、厭倦停滯不前的現況，並確信自己已經準備好，也願意嘗試新事物，就去看看在你意識的陰影下埋藏著什麼。帶著慈悲心寬容地對自己提出質疑，揭露自己的錯誤與缺點，但不要止步於此。面對舊的反應模式、情緒或信念時，試著做出新的回應。在你勇於改變的同時，請找出是哪些阻礙在拖你後腿。

當你克服妨礙意志力的弱點後，生命能量就能再次自由地流經你身上。這是新生的奇蹟，是身為宇宙之子的我們與生俱來的能力。用全新的視角看待所有一切，並對新的可能性充滿驚喜。找回你的純真，在你意識裡會妨礙意願流動的所有一切，都要以好奇心來取代。

這個人或這種情境，
反映了我的什麼狀態？

　　我們身處的環境和遇到的人，都是反映自我成長的一面鏡子。就像三百六十度的全視野，可以幫我們看見自身的盲點，那些吸引我們或被我們排斥的人事物，可以告訴我們很多關於自己的訊息。注意惹得你煩躁的人身上有哪些特質，看看這些特質是否也以某種方式存在你身上。然後，再去看看你所欣賞的那些人身上有哪些正向的特質，請認清一點：如果不是你身上也具有同樣的特質，你就無法在他人身上看到這些特質。

　　儘管你很想和討厭或覺得跟你大不相同的人事物撇清關係，但只要你想尋求真正的自我覺知，就不可能跟這些人事物完全切割。因為你在對方身上看到的特質，無論是正面或負面、積極或消極，都一定能在你身上找到。如果你願意反思發生在周遭的所有一切，都是由你映射出來

的，是你內在運作的結果，那麼更深刻的新覺知就會到來。當你越是願意用更少的批判和更多的好奇去觀察時，就越能看出他人身上的特質、行為和偏見，是如何成為自己的一部分。然後，你就能做出必要的內在調整，也更能用慈悲心去回應對方。

❖ 第31問 ❖
我該如何尋求幫助？

　　對某些人來說，開口求助的意願是最大的障礙，因為他們認為這意味著軟弱或無能。如果你正是這樣的人，請試著允許自己做個不那麼完美的人。因為生而為人，我們本就不是完美的。人類不是孤島，可以在遺世獨立的情況下照樣繁盛，也不像機器人，能夠完全自主運作。我們需要彼此，也需要有被需要的感覺。如果你不願尋求幫助，就會阻斷人際關係之間的流動，從而影響到了其他人，不再只是你個人的事。

　　你可以把尋求幫助想成是一種力量的表現。當你明確並具體地請求幫助時，就是在用一種不同的方式主動為自己找到解決之道。只要有具體可行的方法，人們通常都樂於伸出援手。願意請求對方的支持，同時也是在幫助對方，這表示我們無意間允許了對方可以在日後需要我們時，提出同樣的要求。今天你求助於人，明天你可能是提

供幫助的人。正是這樣的角色輪換，為我們所有人創造了一股能量流。關注你內心深處的需求，並為這些需要承擔起責任，在必要時尋求對你有意義的幫助。你很難開口尋求幫助嗎？為什麼？

💎 第 32 問 💎

我如何能夠協助別人
來幫助自己？

　　再看一遍這個問題。你需要「協助」別人來幫助自己，這樣的問題可能會讓你感到困惑。但仔細想一想，你可能會發現，拒絕接受來自他人主動的好意往往比你所意識到的要多很多。

　　通常我們會拒絕他人幫助，理由無非是放不下身段與驕傲，或是害怕被視為軟弱、依賴或無能。想像以下的情境：你需要別人幫忙，但由於內心的牴觸，你會用多種藉口來否定對方的善意，比如告訴對方自己實在受之有愧，或對方不需要為你這麼做等等。當你這麼做時，就無法從對方的善意或協助獲得任何好處。

　　所以閃開，別擋路。你只要心懷感激就好，停止插手、干預及掌控。練習感恩，並不吝於把感謝的話說出

來。你獲得的幫助不見得總是符合你的預期，但當慷慨的能量以任何方式或形式流向你時，就是你應該把心打開來接受一種新可能性的時候了。持續反思你的接受意願，找出你可能拒絕他人幫助的其他方式。

◆ 第 33 問 ◆

阻擋我改變的障礙不少，
我今天要移除哪一個？

想想過去一直阻礙你的事是什麼。注意任何浮現的感受，以及這些感受如何主導你的決定。接著，停止抱怨或質問為什麼生活要給你這些挑戰。

請把眼前的阻礙當成墊腳石，帶著強大的意志力採取行動以阻斷負面情緒，並想像一個新願景來替換這些負面情緒。持續觀想新願景足夠的時間，直到新感受生起。當你真正願意放下會阻礙你感覺到平靜、自由的任何信念或行為時，正確的行動路線將會變得清晰而明確，從而創造出一個新實相。

根據你設定的意圖來編寫肯定語，幫助你跨越過去的障礙。選擇用開心、樂觀的方式度過每一天，即使外在環境並不完全符合你的理想。如果內在的阻礙一再浮現，也

不要氣餒，要意志堅定地繼續前進。除非你允許，否則過去無法困住你。承認你面對的問題，並將它們視為機會，你將會找到勇敢克服它們的積極方法。

今天我需要採取什麼行動？

每一次當你朝著需要改變的方向邁進時，就是在召喚你的意志力，並邀請宇宙的能量來支持你。現在就採取行動，向你已經確定需要改變的事情邁出一步。你可以這樣想：「我至少可以先……」保持好奇心，讓它帶領你到所有你想探知之處。不放過任何可能性，即使看似微乎其微。

每一天你所做的無數選擇，都在影響著你的進展。如果你感覺被困住了，就列出十件你可以做的事，不管那有多瘋狂。你不用一一完成，因為僅僅是寫下這份清單，就能讓你的創造性思維開始運作。一定有什麼事是你能為實現夢想而做的，即使只是一個小小的改變。這是向生命傳遞出一個清晰的能量訊息，表示你對改變是認真的。設定實際的目標可以建立起靈性力量，並像嬰兒學步一樣，一小步一小步地持續走向它們。

◇ 第35問 ◇

我是真心真意的想要這些嗎？

　　當我們試圖改變停滯不前的生活時，可能會發現，自己才是最大的問題——是我們讓自己無法獲得想要的東西。雖然看似奇怪，但我們確實經常會違背自己的意願，不願意為渴望的東西去努力爭取。例如，你希望能交到有意義的朋友，你也知道要實現這個願望，需要用新方式來擴展自己，但你並不想為此犧牲個人的時間與空間。正因為如此，你才無法吸引到新的人際連結。

　　要回答這個問題，你必須誠實而敏銳地自我分析。首先，想想你希望做到的事或渴望擁有的東西，然後注意你正在想或正在做的事，可能會阻礙你想顯化的這些渴望。分析它正在告訴你什麼訊息，這跟當下的你有關，看看這些訊息是否與你選擇的價值觀不一致。想想你要如何鼓動更大的意願，即使你還不清楚該採取什麼行動。

♦ 第 36 問 ♦

在這種情況下，
我需要怎麼做？

　　有時候，這個問題的答案就是：去做就對了。但是，答案往往沒有這麼簡單。許多情況下，對於正在發生的事，你要做的，更可能是一種微妙的內在變化。我們顯然無法控制外面發生的事，但我們可以改變回應的方式與立場。或許我們需要給予更多的包容，或許我們需要更堅定地設下界線。當我們有意識地願意改變時，就能為自己決定為什麼要面對這個挑戰、能從中學到什麼，以及需要做什麼。這樣一來，每一個挑戰都有助於我們培養力量、復原力及信心。

　　以你目前的生活狀況為例。好好想想，你覺得是什麼原因造成了你當下的生活體驗？還有哪些其他可能的原因？而你又應該做些什麼？記住，在你決定好採取最好的行動方式以及正確的應對態度後，還要鼓動自己有更大的

意願去做。注意你的小我可能會無所不用其極地阻礙你的選擇。別忘了，你的意志力可以幫助你不受羈絆地做出最好的選擇；而如果你在生活應對上能夠允許更多的美和善流入，不管發生什麼，你都能不慌不忙地從容以對。

Chapter 5

人生功課

將每一次正面或負面的經歷，都看成是成長與學習的靈性功課及載體，生命就會看起來不一樣。這些人生功課是為了移除阻擋智慧、力量與愛流動的障礙，幫助你擺脫受害者的思維，採取正確的行動。

LESSONS

每個人心中經常會浮現「為什麼」——「為什麼會發生這種事？」「為什麼是我？」「為什麼是現在？」然而，只有當我們從事件中學到一課，這樣的提問才對我們有幫助。否則，老是問「為什麼」只會徒然浪費時間和精力，還不如問問自己如何找到解決辦法，或幫助自己平靜下來。

　　如果我們的目標是個人的靈性進化，就必須認識到，發生在我們身上的事並不重要，真正重要的是，在經歷過這件事情後，我們會變成什麼樣子。在抗拒、自怨自艾或自我責怪的情緒中掙扎，只會麻痺我們的意志、耗盡我們的精力，讓我們無法有效回應。我們最堅定的立場，就是能夠看穿每一件發生的事都是為了幫助靈性成長。明白這一點，就能學會接受生命原有的樣子，並保存能量去學習我們為了往前邁進所必須知曉的一切。正如《脆弱的力量》作者布芮尼・布朗（Brené Brown）所說：「承認你的故事，你就能改寫結局。否認它，它就控制了你。」

　　要扭轉「為什麼？」這種帶有典型受害者色彩的問題有個好方法，那就是換另一種問法：「現在我應該做什麼？」「我能從中學到什麼？」或「現在的我能給出的最

好回應是什麼？」尤其是在事態急轉直下，或感覺委屈難平的時候，只要把疑問「為什麼」（why）換成「是什麼」（what），這些挑戰就有了意義，你距離自我實現也就更近了一步。

　　當我們接受了這種模式轉換，把每一次不管是正面或負面的經歷，都看成是成長與學習的靈性功課及載體，生命就會開始看起來不一樣。這樣一來，我們就能從靈魂旅程的角度，來看待日常的考驗。要謀一生的快樂，不要只圖一時的快活；要善用每一次挑戰來強化意志力，用每一次挫折來鍛鍊耐力，並以每一次失敗來作為反省的資訊，幫助我們啟動未來更大的成功。問題是刺激意志的必需興奮劑，讓我們能夠移除阻擋智慧、力量與愛流動的障礙。

　　想法創造了我們的現實體驗。所以最重要的是，我們對生命抱持何種觀點。當我們為心智重新設定程式，就不會把生命的難關及考驗視為仇敵或加害者，而是視為生命的導師，如此就建立起了個人的力量。一旦我們發展出正面、積極的內在對話模式，評判和消極的想法就不再有機會削弱我們。我們培養了好奇心及同情心，從自怨自艾中解脫出來，並能夠採取正確的行動。

一旦我們願意學習，任何考驗都是為了喚醒我們，好通曉美麗的靈魂本質。我們為愛與光創造空間，好讓它們能夠順暢流動，並為個人的進化打開新的大門。

❖ 第37問 ❖

現在，生命希望我學會什麼？

　　把生命想成一所學校，學校裡有許多偉大的老師及無限的訊息。其中有些科目你拿了高分，有些科目卻不及格。課程中包括小組討論、數學應用題、上台演講、個人論文、方程式、複選題、文法造句，以及時間管理的作業。你希望透過這些練習，能夠獲得所需要的知識和經驗，同時在耐力、自制力、不執著、道德及冷靜等靈性品質上有所增進。為了順利畢業並進入自己無限神性本質的記憶中，你必須通過在地球學校的所有測試。

　　如果你總是在某個課題遭遇挑戰，表示生命正要求你更深入挖掘。如果你總是以同樣的方式受挫，就表示這門功課你尚未及格。深入去傾聽必要的訊息，並改變你的解決方式。尋求私人輔導員、教練或心靈導師來幫你獲得更多技能。放下戒心及防備，去嘗試新方法。別擔心，我們一次只學一堂課，最終一定能從靈性博士班順利畢業。

我哪個部分
還有成長發揮的空間？

　　想要全面化地自我成長，勇於自我分析是必須的。不要期望能避免衝突或挑戰，這些可都是其中的一部分。就像伸展拉筋需要挑戰身體的柔軟度，擴展內在自我也需要你不斷（但要心懷悲憫）地把小我推開，讓出空間給更偉大的靈魂品質。避免自我評判，因為這樣做只會拖慢你的進展。行動起來，去改變需要改變的那些地方。例如，如果你發現自己經常對別人沒有耐心或生氣，就專注地用一切可能的方式來培養自己的耐心和平等心。如果恐懼總是一馬當先，就去學習及鍛鍊自己的勇氣。

　　要達到心理綜合（psychosynthesis）*或所謂的個人整合，需要經過四個階段：明白個人特質、為需要改變的人格元素負責、曉悟真我，以及根據新的靈魂覺知重新建構個人特質。隨著時間推移，當你能夠辨識出小我和真我不

一致時，就可以採取行動來糾正。你還需要成長及精進的空間是一個充滿可能性的美麗所在，在那裡你的小我會與靈魂融合。

◈ 第 39 問 ◈

我的哪個部分
需要召回心靈力？

我們大多數人都有部分能量駐留在過去 —— 在記憶裡、在遺憾裡，或在那些陳年舊事裡。如果我們一直無法寬宥與原諒某些人（也包括自己在內），或是一直耿耿於懷、難以放下，那就表示有能量阻塞，讓此時的我們無法完全活在當下。有時我們是刻意地捨棄部分的自己，有時則是無意間因為失去或創傷經驗而丟失了部分的自己。這些都可能成為自我療癒和進化過程中的阻礙。

花點時間，注意一下是否有哪個部分的自己感覺丟失了？如果你曾經背離了真正的自我，或把部分的自己留在過去，現在就把它召回來，讓自己重新回到完整的狀態。如果你未能為自己發聲或沒能做到完全的真實，今天就把它們表達出來，擁抱對你來說所有重要的一切，尊重你自己定義的人生目標。放下所有遺憾、懊悔與怨恨，明白你

正在經歷的一切，是你現階段的靈性成長所需要的。值得慶幸的是，在靈魂層次上，我們始終都是完整的。把你的心靈能量從恐懼、自我評判及自我否定的幻覺中召喚回來，你就能在身為人類的生命裡也感受到完整。召回心靈能量的方法很簡單，你要做的是：現在就選擇整合自己。原諒，然後繼繼向前走。

有哪些好的建議
是我還沒有採納的？

聽到真相時，我們的靈魂能夠辨認出來，這就是為什麼某些訊息會跟我們共振。當家人朋友給我們最真心的關切，或被社交媒體上的發文所激勵時，我們知道自己應該採納這些良好的建議。

可惜的是，在每天被過量資訊狂轟亂炸的情況下，多數人對這些正向指引都很容易轉身就忘，而未能產生實際的效果。況且正如我們所知，人類習慣抗拒改變，即便知道改變對自己有好處也一樣。知而行之，對很多人都是一大挑戰。

當你思考有什麼好建議還沒被你採用時，可以試著想像，倘若你不按照這個建議行動，五年後自己的生活會是什麼樣子？想想你認識的人，如果他們也缺少這樣的智

慧，他們會變成什麼樣子？會給他們帶來什麼後果？試著去感受不作為的可能後果。如果你還是抗拒，那就回到上一章再看一次關於意願的每個提問，看看究竟是什麼障礙讓改變無法發生。

◆ 第41問 ◆

生命中最考驗我的人，
可以讓我學到什麼？

這個問題和【第30問】類似。在【第30問】中，你分析了對方的正負面特質，並知道這代表你自己也可能有類似的特質。現在，你可以更深一層去看，這個問題的中心思想是：假設每一個人都是你的老師。沒錯，是每一個人。但是，你最抗拒的那個人（也是你最嚴厲的老師），能夠讓你學到最多的智慧。千萬別蹺課，認真上課，好好看看這堂課要教會你什麼。

出現在你生命中的每個人和每段關係，都是有原因的。如果別人總是以某種態度或行為來對待你，這代表你身上有某一點在邀請或允許這些體驗到來，好讓你獲得必須的成長。這些經歷會不斷重複，直到我們完全學會其中的功課。一旦完成這項功課，關係的動能就會改變。像這樣的模式會根據你當前的靈性成長而出現，所以可以問問

自己一些可能讓你不舒服的問題，比如在你與父母、朋友和伴侶等重要的關係中，你經驗到的是什麼樣的模式。如果你對這些重複出現的模式感到沮喪，確定你需要從中學到什麼，並決定你需要有什麼改變。

♦ 第42問 ♦

我在哪些地方缺乏彈性？

　　說到彈性，我們通常會想到身體的彈性；但事實上，彈性也是一種心理特質。想要適應生活中不斷變化的處境與環境，我們需要時時調整思維模式，從舊的情境調整到新的情境，讓自己能夠順應環境，而不是停留在習慣性的回應或思考模式裡。如果我們的觀點或信念太過僵化，就會創造出一個狹隘的舒適圈，把我們的生活圈圍在裡面。一旦舒適圈受到挑戰，我們會更加退縮，就像緊繃的身體拒絕伸展一樣。遺憾的是，繃久了可能會斷裂，但如果有足夠的彈性，則只會彎折，而不會繃斷。

　　想讓你的心理狀態變得更有彈性、更靈活，首先要練習接納。一生起批判的念頭，你要能立即辨認出來並及時逮住它，不讓它持續在腦海中打轉，然後切換到好奇模式。要想增加彈性，你要選擇學習而不是評判。每個人都有權利保有自己的觀點，所以你可以練習從許多不同角度

去看待問題。如果你覺得人際和諧比捍衛自身立場更重要，就要學會包容不同的觀點及不確定性。你按情緒按鈕的次數將會開始減少，並能以更冷靜的態度去面對衝突與混亂。你越是能在生活上的各個方面表現得更有彈性、更靈活，就會體驗到更多的自在和幸福感。

◈ 第43問 ◈

我想為生命中的種種
賦予什麼意義？

　　這個問題的關鍵是自由意志。雖然我們無法選擇會遭遇到什麼，卻能選擇如何回應，以及要賦予這些經歷什麼意義。一旦我們看穿每個挑戰都蘊藏著專屬於自己的祝福時，力量就會油然而生。不過，在失去親人或受到創傷等極端的情況下，這樣的說法似乎有點陳義過高，許多人根本做不到，但是，即使一切讓人如此無助、陷入黑暗，但烏雲背後仍然有光，只待我們找到它。

　　我們走這一遭不是為了活得舒服而來，生命是為了進化才會一路進展。無論我們喜歡與否，都是如此。但如果心生抗拒，只會更加受苦。

　　我們可以透過轉換視角來改變任何的生命經驗。挑戰之所以到來，是為了激發我們內在隱藏的力量。我們如何

變得更強大、更有智慧、更有創造力，很大程度取決於是否能在困境中找到祝福及人生的功課。有時，我們只是需要為它賦予一個意義，給自己一個內在成長的焦點。這需要意願，也需要勇氣。問問自己，為什麼你要把時間浪費在哀嘆當前的狀況上？為這一切賦予新意義，然後繼續向前走。

◈ 第44問 ◈

運用內在力量
能讓我學習到什麼？

　　想想最近你面對了什麼挑戰，你從中學會了韌性或克服困難的能力了嗎？就像健身房的重訓器材一樣，受到壓力時會產生阻力，而阻力可以用來鍛鍊心智與情緒力量。當我們與內在的戰士連結，我們會知道，活下去不只需要堅忍不懈的樂觀，還需要永不止息的意願。生命要我們學會容忍未知及一時的挫敗，並催促我們去尋求幫助，有時它會輕聲低語，有時則是狠狠踹你一腳。

　　或許正因為你曾經歷過痛苦的煎熬，才會變得更有同理心；或許你已經學會了從大局出發，在更大的背景脈絡中看出壓力是如何產生的。在跌跌撞撞的摸索過程中，我希望你已經學會如何適當地休息及笑看一切。當你走出困境並開始解決問題後，請好好肯定你所獲得的成長，以及在過程中所展現的創造力。

我們都曾經在生活中經歷並克服過一些挑戰，因此有必要為自己在許多方面的努力成果給予肯定。然後，當下一個挑戰出現時，我們就可以好好借用過去積累的力量和策略。

♦ 第 45 問 ♦

關於自己，
我問對問題了嗎？

　　如果你打算去紐約問別人怎麼做起司蛋糕，那簡直是問道於盲了。首先，你必須清楚自己要往哪裡去，無論外在或內在都一樣。你的目的可能是提升自我，也可能是關於身體上的某個具體目標。接著，你需要在一個觀想的情境裡，讓自己三百六十度地走完一圈，從不同視角加以檢視。這樣一來，你就能找到通往目的地的最佳途徑。你能夠構想出的可能性越多越好，盡你所能地發想點子，來幫你實現目標。

　　把你能想到的所有問題寫下來。然後捫心自問幾次，是否還有遺漏的問題沒寫下來？接著，在一段時間內安靜地一個人待著或是冥想，專注於觀察你的呼吸從腹部進進出出，以清除頭腦中所做的一切分析及念頭。等到你的注意力完全沉浸在呼吸的節律及感受中後，在這樣的靜默中

問問自己：「現在我最需要專注的問題是什麼？」相信你最直覺的內在反應。在對的時間提出對的問題，有時能夠改變你的一生。

Chapter *6*

問責

從靈性角度來看，問責是業力法則的一部分，簡單一句話就是「你種下的因就要承擔後來的果」。換句話說，你要從相信命運是不可控的睡夢中醒來，為自己的想法、言行負起完全責任。

ACCOUNTABILITY

我們採取的每一個心智或身體的行動，無論有意或無意，都會對我們的生活產生影響。即便是不作為，也會帶來相應的後果。我們未來的所有經歷，都將受到現在的每一個選擇、行動和想法的影響；同樣的，我們現在的所有經歷，也是由過去的每一個選擇、行動和想法所決定的。現在的我們是建造自己未來的建築師，我們可以決定要有意識地去創造，或者像夢遊般地隨波逐流。只需要簡單地運用我們的意志，決定去做或不做某事，如此產生的影響會隨著時間推移在日後產生結果。由此可見，我們時時刻刻都在創造自己的命運。

明白「命運由我創造」這一點，就能進一步了解關於「問責」（accountability）的靈性原理。這是業力（karma）法則的一部分，也稱為因果律。karma源自梵文的kri，意思是「去做」（to do）。這個能量法則，也包括自由意志的原則，它為理解生命表面上的不公平提供了一種合理的方法。本質上，這也是唯一能夠合理解釋人類經驗中的差別及不公的方法。

從業力法則來看，一個人今生及前世所有作為的後果，都會跟著他從上一個化身到下一個化身。無論你是否

喜歡這個概念，我們所遭受的疾病、貧窮或困境，都是由於今生或前世違反了神聖法則所埋下的結果。要是人生只有一回，就不可能以神聖正義來調和人類經驗的失衡狀態。

這種根本性的問責，可能讓人覺得嚴厲，因為我們不是總能看出因果之間的相關性。但當我們為自己承擔起責任，從相信命運是不可控的睡夢中醒來，明白自己被賦予了完整的權力，人生就會成為一趟極致喜樂的旅程。在自由意志的法則下，我們有能力改寫未來的生命經驗。無論我們是否意識到最初的因，現在都能夠透過有意識的、負責任的選擇來改變前因留下的後果，走向更大的善。這種思維模式的轉移，讓我們得以接納生命中的所有際遇及處境，明白那是自己在近期或遙遠的過去所有選擇或行動的結果，這也讓我們更有責任去改變。於是我們釋出罪咎，選擇自由與力量。

你可以把業力看成是靈性進化的法則之一，但不是用來指責或評判他人遭遇困境的理由。相反的，業力提供我們一個機會去體現更好、更偉大的靈魂特質，例如無私、善良、同理心和慈悲心。

逆境是成長的催化劑，它讓我們超越日常的掙扎，看到內心深處的無限力量。實際上，是我們為了進化所需而將這些經驗拉到自己身上。我們會不斷地重複經歷這些課題，直到在一次次的自我檢視中，發現這些困擾的根本原因，然後為改變負起責任。在人生的旅途上，我們會因為善用或濫用自己的理性和意志，得到獎勵或懲罰。

　　這就是為什麼價值觀如此重要。當我們能夠秉持著至高的價值觀生活，就能幫助我們正直、無私地選擇，同時累積善因。在人生這場遊戲中，自私會讓我們遠離真實的本性，在進化的過程中倒退，而無私則能推動我們前進。當我們和自己、生活經驗建立起一種完全負責的關係時，會發現自己開始提出新的問題，而這些問題將會帶來啟發性的新答案。

◇ 第46問 ◇

我是如何困住自己的？

不僅行為會造業，想法也會造業。負面想法、具破壞性的批判、憤怒、自私──這些都是我們的牢籠。值得慶幸的是，我們可以把自己從這些不良的心智習性中解放出來，因為一開始就是我們養成了這些不良習性。

你並不受業力的束縛。如果你學會為自己負完全責任，現在就可以透過自由意志來克服它，並且有能力去完成任何事。當你這麼做時，你的能量會完全灌注給意志力，而這股流經全身的意志力會讓你獲得物質及精神上的成功。釐清你是如何賦予自己力量的，又是以什麼方式在自毀。永遠都要質疑你的信念，不要讓自我懷疑有機會阻礙你的進步及進化。要知道，選擇權永遠握在你手上，今天就放自己自由吧！

◈ 第47問 ◈

我對自己與別人
還有哪裡不夠誠實？

　　根本性的問責，必須伴隨根本性的誠實。對自己誠實通常是最困難的第一步，但唯有這麼做，我們才能完全相信自己。我們必須看清自己每個選擇背後的動機，也看清自己是否活得真實。我們的進展取決於是否能做到大整合，所有的古老經文都勸人心存善念、說好話、做好事，以便與我們的高我合而為一。

　　當我們完全活出真正的自己，我們所想的、所說的及所做的所有一切都將具有顯化成真的力量。這是多麼珍貴的一份大禮，同時也承載著多麼巨大的責任。請注意，在你想到這一點時，是否有恐懼生起。

　　列出讓現在的你無法完全做真實的自己，以及無法與他人分享真實自己的所有可能原因。然後花點時間去感覺

一下，當你真正做自己時有多自由。寫下你的個人宣言，承諾自己會活得越來越真實，然後想想看，從想法到行動，你要怎麼做才能心口如一、言行一致，信守你的承諾。一旦你這麼做，就會發現自己變得更快樂了。

◇ 第48問 ◇

知道要對所有發生的事負責後，
我的選擇會不一樣嗎？

　　如果我們能看見擺在眼前的機會，業力便會成為一個非常好的轉化工具。沒有什麼是偶然，所有考驗與試煉都是我們為了自己好、為了進化而創造出來的，鼓勵我們做出真正能帶來幸福的選擇。同樣的經歷，十個人可能有十種不同的回應方式。關鍵在於心態，以及我們如何應對生命的考驗。

　　想要把問責貫徹到底，就必須把受害者或勝利者的思維模式放一旁，接受所有的境遇都是被自己吸引而來的，那是我們這一生最需要完成的功課，也因此，我們要為自己的進化旅程負起全責。問責，就等同於擁有自己的力量。

　　當你反思生活中正在發生的事時，要肯定你擁有無限的力量能夠改變它。你是誰、你是怎樣的人、現在過得好

138

不好，當你能夠為這些問題負起全責時，就能看出自己可以選擇一個新的存在方式，或是如何用更適合的方式來回應眼前的現狀。透過這種思維模式來賦予自己力量，你將會找到自由與平靜。

◈ 第49問 ◈

我是否為了逃避責任，
而正在怪東怪西？

　　如果接受生命中發生的所有事都是我們的老師，那麼就可以接著問：「我需要透過這些經歷來學習什麼？」好好想想這一點：你生命中出現的人、發生的事，他（它）們之所以來到你身邊，是你以某種方式把他（它）們吸引過來的。再好好觀察一下，生命把這些人、這些事擺在你眼前，是要你從中學習什麼功課？至於選擇怎麼應對，則完全取決於你。

　　怨天尤人完全無濟於事。每當你因為自己的存在狀態而歸咎他人時，就是在否認自己擁有力量。想想你經歷過的困境，你曾經在什麼時候為了推卸責任而怪罪他人。甚至連別人對你做的事，你都有選擇如何回應的自由。注意你的小我如何阻礙你前進，然後從靈性的角度思考，把業力當成精進自己的機會。你的所有選擇、所有回應，無論

會產生什麼後果全都是你的責任，這就是問責。把你的每一次不滿都轉化為改變的動力，然後付諸行動，去打造你想要的自己。

◇ 第50問 ◇

為什麼我需要有更多的勇氣？

　　勇氣的英文 courage 源自法文 cœur，意思是「心」。你可以把勇氣看成是對生活發自內心的承諾，當你缺乏勇氣時，可能會活得無精打采，對什麼事都提不起興致，能量也變得低落。相反的，強大的勇氣會讓你充滿激情，活得熱切又積極。花點時間安靜下來，傾聽自己的心。你是否時時刻刻都很用心地生活？你的內心渴望著什麼？請與生起的聲音安坐在一起，聽聽它要告訴你的訊息。

　　接著，想想你能做些什麼，尊重你內心真正的渴望，給自己勇氣踏出去。即使害怕，你也要鼓足勇氣走到舒適圈的邊緣，把心打開，不要因為害怕就裹足不前。想像勇敢踏出這一步的你，五年後會如何？未來的你應該會很感激這時的你，有力量採取這個積極、正面的行動。感受那份驕傲和喜悅；感受一下，由於你的勇氣以及對新可能性的全心投入，你的生活體驗變得更豐富、更真實。

◆ 第51問 ◆

對於我現在的處境，
最好的態度或選擇是什麼？

　　簡單的正念練習，能幫助我們學會以客觀角度觀察心智和情緒的波動。透過自省和自我觀察，我們可以控制住小我習慣性的衝動反應及自私，這樣的小我只會造更多的業。現在給自己一些時間練習正念，抽離出來去觀察自己的內在——包括思想、情緒和感受。只是觀察，不要被牽著走。你越是能控制自己而不是直接回應，就越能連結到內在的直覺智慧。接著，在靈魂的指引下，會以能夠反映最高價值觀及內在神性的方式來回應你眼前的形勢。

◇ 第52問 ◇

我希望別人如何改變，
好讓我能夠完全做自己？

對於自己希望他人怎麼改變，大多數人會花過多的時間去思考，而且我們還會花更多時間去爭辯、施壓及操縱他人改變。然後，在我們浪費了很多精力後，最終卻沮喪地發現別人根本不會按照我們希望的去做。

好好想一想，你希望身邊的人會如何改變他們自己。把這些改變寫下來。接著，想想你是否需要轉換「別人應該改變」的想法。事實上，你永遠無法改變別人，所以又何必把寶貴的生命浪費在這裡呢？專注於你可以做到的，然後透過你的正面示範去引導。

唯有他們自己才能改變自己，而神奇的是，一旦你改變了，他們通常也會受到影響而跟著做出積極、正面的改變。但我無法保證，因為他們也可能永遠都不會按照你的

希望去改變自己，而讓你不得不因此自我調整。但不管他人怎麼做，你都可以為自己的改變負責，在心理上創造出更大的幸福感。

◈ 第53問 ◈

今天，
我能為生活帶來什麼新氣象？

　　如果你發現自己一次又一次地經歷到類似的挫折，可能需要從全新的角度來解決老問題，才能帶來全新的結果。試試看下面這個練習，來幫你轉換觀點。

　　首先，用第三人稱來描述你的人生故事，以最適合故事主角（他或她）成長及學習的角度來編寫，就像英雄之旅的故事一樣，朝向一個寶貴的目標而踏上征程。從快樂的角度去講述你的故事，而不是從個人的掙扎、痛苦和疲憊寫起，並感受這兩種書寫方式的不同。注意在這個故事中，有哪些改變對主角發揮了作用，然後想想看，今天的你能如何把故事情節搬到現實中上演。

　　所有的成功不外具備三種力量：強大的心、靈活應變的心智，以及堅定的決心。發揮創意，跳脫框架思考。全

力拒絕任何會削弱你或限制你的信念，專注於靈魂中那些美好、正面的特質，並邀請一種全新的方法來提升你的生活。以快樂、好奇的精神去擁抱各種可能性，看看它會將你引向何方。

◆ 第54問 ◆

如果業力真的存在，
我要完成的功課是什麼？

你可以把生命想成是一個正在進行中的業力計畫。你之所以來到這裡，是為了至少學習到重要的一課，並回答至少一個核心問題（以及許多小問題）。你可以從生命經驗中不斷的重複模式觀察到，你今生的主要功課及問題是什麼，例如你總是遭受背叛、有長期的財務或健康問題，或是感情不順等等。

從你一再遇到的挑戰和考驗，可以弄清楚你今生要完成的任務是什麼。將你受到的考驗扼要地寫下來。

為了學習這個功課或解決同一個問題，你可能已經花了好幾輩子的時間了，這是因為你的靈魂渴望自由，因此你必須不斷以新方式將這個人生功課創造出來，以便能夠一勞永逸地解決。這一生你面對的所有處境，都是完成這

個任務的絕佳機會。你有洞悉前因後果的內在智慧，更有用來克服困境的力量。花點時間靜下心來冥想，確認哪些任務是你需要完成的。接著好好想想，為了完成這些功課或解答問題，你需要改變哪些舊模式。

Chapter *7*

接納

接納意味著接受我們無法改變的事實，也可能意
味著，我們辨識出這是自己應該學習的功課，或
自己應該採取的行動。當我們從一個更高的視角
來看待眼前的難題時，接納自然會伴隨而生。

ACCEPTANCE

我們不快樂，總是因為同一個原因：得不到我們想要的。我們的幸福指數，直接與無法得償所願的數量和質量有關。遺憾的是，如果我們無法改變用來衡量幸福或快樂的依據，將永遠不會滿足，因為生活往往不如所願。

首先，我們要放下對生活「應該」如何如何的預期心理。相反的，我們要預期的是，生活會出現波折、失望和一時的失敗。但是與其悲觀和埋怨，我們可以把這些不如意視為幫助我們爬到更高的刺激。

要想持續耕耘靈性進化的沃土，關鍵在於練習接納。接納和問責是好搭檔，幫助我們轉移注意力，從發生在我們身上的事轉移到如何面對或度過這些處境。所有一切都是靈魂成長的食糧，我們將在內心創造出更持久的快樂和穩定。

事實上，即使挑戰當前，我們也有可能快樂。這並不是說我們應該對困難喜聞樂見、激動不已，而是說當我們練習接納所有發生的事，就能有意識地穿越任何阻礙我們力量和智慧的障礙。接納是我們重新拿回控制權的一種選擇，但選擇接納需要我們付出努力並做出承諾。

有時候，這意味著接受我們無法改變的事實，因而停止再去做任何嘗試。它也可能意味著，我們辨識出這是自己應該學習的功課，或自己應該採取的行動。無論如何，當我們從一個更高的視角來解決眼前的難題時，接納自然會伴隨而生。當我們承認自己的偏見與抗拒，帶著好奇心與同情心去面對真相時，就可以為新觀點的發展騰出空間。一旦放下對事物的特定看法，就能創造出新的可能性。

傷痛和磨難都是在提醒我們要覺醒，尋找更深層次的答案。當我們對現狀發展出更豐富的理解，而不是一味地遵循老舊的故事與反應模式，這就是進化。先練習接納，而後才能獲得自己的靈性力量來創造成功。我們不再自怨自憐，而是能為自己採取積極的行動，加速個人成長。相反的，如果我們採取失敗者的態度，因為悲傷而陷入谷底、放棄靈魂的力量，只會使我們偏離正確的軌道。當我們學會接受困境與挑戰，而不被挑戰所左右時，就能培養個人的性格強項，並找到內心的平靜。

允許所有真實的存在，
停止任何評判，會是什麼感覺？

　　試著在接下來的一個小時內，觀察你有多頻繁地對某人（包括你自己）某事發表看法或批評——多數人都已經習以為常到甚至沒有意識到。接著，注意你用了多少方法試圖去改變，你會發現許多能量就這樣浪費在抗拒「接納」上面了。再注意你花了多少時間和精力去反芻過去的經驗，並耽溺於揮之不去的懊悔或怨恨之中，完全不在該有的狀態上。

　　接著，想像你把這一切都放下。放下所有的評判、後悔、批評和抗拒。清除這一切障礙後，花點時間不帶任何想法、單純地去體驗當下這一刻。當你完全允許所有一切（包括你自己）以如其所是的真實存在時，就是為自己創造了一個可以休憩的空間。允許一切如其所是，然後享受隨之而來的平靜。

💎 第56問 💎

如果我能放下執念和恐懼，
會有什麼改變？

執念和恐懼都是常見的情緒狀態，表明我們處於拒絕接受的抗拒狀態。執念會產生，通常是因為我們害怕萬一失去了自己所依戀的人、物品或情境後，不知道會發生什麼。我們預期自己會因為需求及渴望可能無法被滿足，而感到悲傷或不安。

為了鬆開自己緊抓不放的恐懼和依戀，你可以先深呼吸、放鬆身體，淡化你的憂慮，讓自己潛入更深層次的信任與純粹的覺知中。

不執著，並不表示我們不再愛了，而是意味著我們把心打開去迎接更大格局的愛。接受別人原本的樣子，會讓我們更有同理心。同理心讓我們更慈悲，而慈悲將引領我們走向大愛。這種愛如此包容、寬大，始終都比緊抓著恐

懼或執著更令人安適。想要擁有這種隨順的心態，可以透過祈禱來讓自己擺脫執念。吟誦梵音、靜心冥想，有意識地臣服於愛的源頭。經常做這些練習，可以讓你的心靈重獲自由，並創造出內在空間，讓你未曾想像過的大愛在心中生起。

我什麼時候會分心逃避，
而不是完全處於當下？

　　想逃離難受的情緒是一種很自然的反應，就像觸摸到滾燙的東西會立刻縮手一樣。但就心理和情緒健康而言，你必須學會忍受不舒服的情緒，直到它能夠為自己發聲，並得到你的認可為止。唯有這樣做，你才能跨越不舒服的情緒，重新找回平靜與平衡。如果你不願意面對或試著逃避內心的真實感受，那麼痛苦會藏在你生活底下慢慢化膿潰爛，以各種不健康的方式影響你的一切。

　　盤點你現在的情緒，尤其是那些你寧願壓抑或否認的不適情緒。把一隻手放在腹部，另一隻手放在胸口，深呼吸幾次後，花點時間認可自己的情緒。例如：「我感到很生氣，我允許自己生氣，也坦然接受我生氣的事實，然後我要和生氣的感受和平共處。我感到悲傷，我允許自己悲傷，也坦然接受我悲傷的事實，然後我要和悲傷的感受和

平共處。我感到孤單，我允許自己感覺孤單，也坦然接受我感覺孤單的事實，然後我要和孤單的感受和平共處。」每當你注意到內在生起一股逃離當下的衝動，想要轉移注意力而不是去感覺內心的感受時，可以先按下暫停鍵，透過正念練習來重新審視自己。

第58問

我的心態以何種方式在扯我後腿？

　　即便我們很想怪罪糟糕的形勢，但我們真正需要面對的，永遠都是自己糟糕的心態。我們看待一段關係和形勢的心態非常重要，如果心態不是樂觀、肯定、善良的，不只會阻礙我們前進，還可能傷害到別人。如果你已經習慣陰晴不定，想想看為什麼會這樣，以及你需要做些什麼來改變它，以免周遭的人也受到情緒感染，出現更多的負面情緒或消極反應。為自己打造一個情緒隔離期間，直到你能選擇用正面方式來思考和說話。

　　糟糕的心態是小我推動我們往前走的方式，或許它能暫時奏效，但最終會事與願違，因為人們會因為你太難相處而感到疲憊不堪，最後決定轉身離開。你的觀點決定了別人如何看待你，以及他們是否願意和你連結。樂觀的態度及快樂的生活方式，會吸引更多和諧的關係及許多的新機會。

◈ 第 59 問 ◈

我如何與不確定性
和平共處？

　　每當出現不確定性，大多數人總會不太舒服。人際關係或工作的過渡期，總讓我們心裡沒有底，不知道未來將要何去何從。但是，如果能學會把不確定性的時刻當成正念練習的機會，那麼我們就能持續讓自己與內在指引校準，一直到找到正確的下一步為止。擁抱任何可能性，不要把生命局限在已知的變數中。允許自己擴展想像力，跨出目前的舒適圈，進入未知或未被證實的領域，即便多靠近一點點也好。觀想你希望顯化的事物，將未來願景牢牢地留在眼前。

　　運用你廣大的資源，帶著創意和無傷大雅的幽默感朝著願景前進。當事情發展不如預期時（這是常有的事），要練習不反應及不執著。不斷提醒自己，你的靈魂有無限的潛力，正等著你擴展新的可能性。結交那些和你一樣也

正在試著超越恐懼、願意承擔風險進入新領域的朋友。帶著樂觀、勇氣與信心的你，將會在內心找到新的能力，並以輕鬆的心情面對未知。

◇ 第 60 問 ◇

我需要原諒誰？

　　全然接納的能力，很大程度上取決於我們原諒他人、原諒際遇，或甚至原諒生活中所有不公平的能力。顯然，不是每個人都能得到應得的或想要的一切，而且我們每個人也都會在人生路上犯錯。當我們選擇原諒，就是讓自己從怨恨和懊悔等禁錮自我的牢籠中解放出來。

　　事實上，原諒是愛的另一種說法——當我們選擇完全活在當下，而不是被痛苦或內疚困住時，我們就走進了對自己和對生命的愛。這完全要在內心下功夫，今天就開始選擇去愛吧！無論怨恨或憤怒曾經以任何方式影響到你的生活，都要原諒自己；原諒自己在那些遺忘愛的時刻，曾經做出可恥的事。然後，將同樣的仁慈與寬容，擴展到你身邊那些同樣曾經遺忘愛、背離愛的人。感受這種強大的接納與包容，鬆開內心的束縛。無論別人是否改變，你都可以透過原諒來獲得自由和平靜。

◆ 第61問 ◆

我是快樂與和平的催化劑嗎？

　　宇宙間存在著一些和諧的普遍原則。這些為人處世的原則跨越了時間、文化及各種哲學體系，是建立平靜、祥和生活的必要條件。遵循這些原則，我們就能確保內外和諧。每當感覺失去了平衡，你都可以回到這些基本原則，看看有哪些需要調整。這些原則和我們將在【第100問】談到的靈魂特質息息相關。它們是：

- 誠信
- 尊重
- 責任
- 非暴力
- 慈悲
- 自律
- 寬恕
- 忠誠

- 謙卑
- 節制

在生活中體現這些原則，你將能活得平靜又踏實。即使別人未必跟你一樣會這麼做，至少你也能改變自己的世界。不要讓負面想法、負面訊息或事件盤踞心頭，你要做的是，盡情去散播你的愛。

◈ 第62問 ◈

一動不如一靜，
我如何讓自己更處於接納狀態？

出現問題時，想找到解決方法是人之常情。但要是你的動作太快，就可能錯失簡單接納、讓正確答案自然浮現的關鍵時刻。你未必每次都需要馬上知道答案。尊重你自己和別人的學習過程，不要急著解決或推開問題。在你還懵懵懂懂時，只是全神貫注地傾聽自己及他人，就足以帶來療癒。

你可以從「六十秒重開機」的練習開始，它能幫助你重新掌握自己的自發性反應，也讓身體放鬆下來。做幾次深呼吸，隨著呼吸繃緊及放鬆你的所有肌肉。靜下心來，接受自己的脆弱，讓內在生起一股平和而集中的力量。召喚你的意圖，讓自己完全處於當下。保持安靜，只是呼吸，讓問題的解決方法從內在的靜默中自然浮現。

◆ 第 63 問 ◆

與人見面時，我更在意彼此的
相似之處或是不同之處？

除非有意識地放下主觀意見，否則記憶、期望和文化偏見都會影響我們對他人的印象。注意你與他人見面時，是否會下意識地去尋找或關注彼此的相似之處或不同之處？與其對陌生或不同的人事物感到害怕或討厭，不如從這些不同習俗、不同文化或不同信仰的人身上，練習用好奇心來學習新觀點或做事方法。與其避開那些與你不同的人來捍衛你所奉行的一切或自我保護，不如練習慈悲接納並尋找彼此之間的連結。放下任何帶有批判性的比較，因為這樣做只會扼殺快樂。

今天就試著去找到你和他人之間的連結，尤其是那些看起來跟你大不相同的人。教你的孩子也這樣做，讓它變成一個尋找共通點的遊戲，幫孩子建立並強化這樣的覺知：所有人身上都流著相同的、富有創造力的生命力量。

無論膚色、政治傾向、宗教信仰或社經地位為何，只要生而為人，都擁有共同的經驗和情感。學會去欣賞每個人的獨特之處，如此你將在這個充滿衝突的世界裡架起理解及和平的橋梁。

Chapter *8*

靈感

當我們鼓起勇氣走入靜默之中，傾聽內在的靈感之聲，就有機會在生活中展現最好的自己。時時餵養靈魂的好奇心，就能迸發靈感，迎接新的可能性來改變生活及創造新生活。

INSPIRATION

靈魂要在表達時才能展現活力，並在創造性的表現中蓬勃成長。要做到這一點，必須經常地用啟發性的事物來餵養及更新我們的心靈。對有些人來說，這可能是獨處一段時間或親近大自然；而對有些人來說，可能是去參加禮拜或參加冥想團體，和志同道合的朋友建立連結。還有一些人，則是從書本或勵志性影片汲取滋養心靈的精神食糧。有各種各樣滋養靈魂的方式供你選擇，一旦需要心靈充電，就知道應該去哪裡找。

　　此外，還需要警惕那些會阻擋我們獲取靈感的內在阻礙。躁動不安就是頭號大敵之一。很多人都有隨時查看手機和社群媒體的習慣，這代表他們會經常性地分心，結果就是讓靈魂變得貧瘠、乾涸。用稍縱即逝的娛樂來緩解內在的空虛，只是白忙一場的分心機制，還會讓我們更無法深入思考，於是也就無法從內在的潛能之泉汲取到靈感。

　　要治好這種因為躁動不安而患上的癮，解決辦法是：與能接通靈魂的靜默空間連上線。某些人可以在冥想中做到這一點，而有些人則是透過沉思或祈禱。在任何情況下，只要我們能夠深入到心智，它就能安靜下來並變得專注。我們能從這樣的靜默中汲取靈感，引領我們走向更有

創意、更具目標性的追求。

有不少人對於這樣的靜默會感到害怕或抗拒，這是另一個汲取靈感的障礙。如果我們內在有尚未解決的衝突或情緒，通常就會出現這樣的情況。如果你就是這樣，首先要釐清自己的意圖，接著再透過意志力和意願（參見第四章）來強化這個意圖。

當我們鼓起勇氣走入靜默之中，傾聽內在的靈感之聲，就有機會在生活中展現最好的自己。餵養靈魂的好奇心來提高創造力的流動，為靈魂提供不斷擴展的表達可能性。當我們認同自己永恆、無限的本質，而不是狹隘的小我時，就是在邀請新的成就與真正的成功到來。選擇能夠支持喜悅和勇氣等靈魂高尚特質的活動與環境，能夠幫助我們進入更具有啟發性的活動。當我們選擇愛而不是恐懼時，靈感會經由我們具體顯化，而我們同時也會經歷改變及更新。

我對生活的哪些地方
感到意興闌珊、缺少熱情？

　　有時候看看哪裡沒有發揮應有的作用，有助於我們辨識出應該要調整的地方。想想生活中有哪些地方讓你感到平淡、無聊，或一成不變。注意有哪些活動你總是心不在焉、敷衍了事，或有些對話總是老調重彈。

　　調整、變動是好事，就像翻土可以促進營養滲透。你可以透過幾個簡單、具體的方法來改變日常習慣，例如洗完澡後採不同方向擦乾身體、換另一隻手來刷牙，或者走不同路線去上班。你可以拒絕使用早就厭煩的方式來自我對話，建立新的心智路徑。要選擇新的想法並不容易，但你絕對可以做到。

　　用你能想到的任何方法，來改變了無新意或停滯不前的生活，會是一個很好的開始。把它變成一個遊戲，看看

你能在一天中做多少種與過去不同的事。嘗試新嗜好或不同類型的食物，展開全新的對話。當你鬆開固定的行為模式，就能為新靈感創造空間。擺脫舊習慣，很快你就會感覺到自由，而且不再無聊。

◈ 第65問 ◈

我對什麼事物感到好奇？

好奇心是尋找下一個靈感的最佳嚮導，它為我們打開通往新資訊與新可能性的大門，使我們充滿了活力。允許你對某個對象、地點或活動產生興趣，帶領你進入一個新的世界。

總有什麼事是你感到疑惑的，疑惑是好奇的好夥伴，因為當你心中有了疑惑，就會像孩子一樣用好奇的眼光去探索和觀察這個世界。一個充滿好奇心的人，心態上永遠不會變老。當我們願意活到老學到老，永遠像初學者或孩子一樣學習，就能常保年輕的心，讓靈感時時湧現。如果你覺得做不來，那就想想五件你一直想做、但從未嘗試過的事情；然後再列出五件你會考慮去做、但從未嘗試過的事情。答應自己這禮拜至少會嘗試其中一件新鮮事。

我的動力來源是什麼？

動力讓我們想要動起來，去發現或成就新事物。但有時候，我們的動力來自不健康的感受，例如恐懼、匱乏或羞恥。試著擺脫這些感受有可能會讓我們前進，但不足以把我們帶往想去的目的地。

當我們在腦海裡聽到「我應該」或「我必須」這樣的話，十之八九恐懼早就存在了。如果恐懼是我們採取行動的唯一動力，最後很可能會導致怨恨。遲早我們會耗盡精力，或以某種方式阻斷了我們的創作流。

如同【第65問】所提到的，好奇心也是一種動力。好奇心是靈魂的精微吸引力，會把你拉向你最終可能會愛上的事物。當然，愛是最強大的動力，它能讓你和意識、出於直覺的行動這三者的步調一致。擴展你的愛，它會幫助你對那些虛耗心力的事物說 No，對能敦促你積極前進

的事物說 Yes。當你的愛、熱情和目標感結合在一起時，將會掃除所有障礙，勢不可當。選擇恐懼或選擇愛，是簡單、深刻且影響深遠的決定。如果你想獲得更多靈感，愛必定是不二之選。

◈ 第 67 問 ◈

我想像得到另一種可能嗎？

另一個能激發創意和靈感的強大靈魂特質，就是想像力。每一個偉大的發明、藝術創作與科學發現，都始於某個人的想像，那是汲取自宇宙智慧的無限源泉。

可惜的是，我們的理性大腦有時會評判它不切實際或難以捉摸，試圖限制我們的想像力。然而，如果我們想擴大可能性，就必須讓內在那個喋喋不休的評論家閉上嘴巴。想像力，是靈魂在召喚一望無際的潛能場域，喚醒還在沉睡的種種可能性。

想一個你現在感到被卡住的情況，再盡情想像二十種可能幫助你解套的方法。不要用「是否可行」來限制你的想像力。記住，這是一個想像力的練習，盡可能地讓自己揮灑創意，之後可以再重新編輯整理。要極盡所能地寫下二十個點子，或許你連一個都無法落實，但僅僅是列出

來，你就會開始受到更多的啟發。

　　想像你真的至少實現了其中一個或兩個想法，那會是什麼感覺。然後再考慮是否真的要付諸行動。

今天我打算如何
為自己的心充電？

　　身體需要健康的食物、水、休息、陽光和新鮮的空氣來補充能量，同樣的，心也需要正面的訊息、精神上的啟發和鼓勵來獲得滋養。首先，你可以想想最近一次被感動是什麼樣的經驗——例如某些照片、對話或訊息觸動了你的心。這些都是當你的心需要充電時，可以去尋找的線索。

　　任何以正面方式帶給你驚喜或激動的事，就不要放手。或許只是一小朵花，或一道光，就從這樣的小事開始。想想有多少詩或畫作，就只是來自藝術家對簡單、日常細節的細心觀察。花點時間仔細觀察，用更開放的心來吸收一切訊息，讓你的心告訴你是什麼啟發、鼓舞了它。注意那些會讓你心魂激盪的特質，是平靜、慈悲，或是幽默感？尋找具有這些特質的人或環境。透過大大小小的選擇，為你的心注入喜悅。

◇ 第69問 ◇

我在做什麼時，
感覺最有活力？

　　想想讓你發光發熱的那些時刻，那種從裡到外光芒四射的感覺。那時的你充滿能量，感覺活得有目標、有意義。這種活力是如此純粹，完全來自你自己。那些點燃你內在之火的活動或創造性追求，就是你生來應該做的事。這讓你感到平靜的同時，又充滿了能量，準備好迎接新的每一天。

　　如果你正在做的事一點都沒有給你上述的感覺，這可能是一個信號，意味著你需要重新評估你現在投入時間與心血的目標是否適合你。或許你只是選擇熟悉而不是最有興趣的事，或者是習慣、陳規使然，又或者你只是選了最輕簡省力的事來做。如果你感覺是時候重新點燃你的內在之火，請至少找到一件你願意全心投入並感到有意義的事情。接著，盡你所能地以各種方式去擴展它。注意在整個

過程中，你的靈感完全沒有枯竭的時候。這是一個積極的自我挑戰，你有意識地走向已知世界的邊界，放眼觀看外面那個能讓你無限揮灑創意的未知空間，這能讓你鼓起勇氣走出舒適圈。

以往能讓我靈感泉湧的
狀態是什麼？

你不可能一天到晚都保持靈感源源不絕，我們就像鐘擺，靈感從高到低來回擺盪。最重要的是，當我們失去平衡時，知道如何把自己帶回來。

回頭看一下，過去的你曾經有過靈感泉湧、產值令人驚喜的時刻，好好想想當時為什麼能擁有這樣的好狀態。雖然在你成長和進化的過程中，同樣的做法未必都能奏效，但每個人一定都有過重新充電、煥然一新的經驗，想想原因是什麼。或許只是換個環境，或者來趟短途旅行，就能對你有幫助，也或者你需要的是安靜思考的獨處時間。此外，按摩、運動或閱讀等照顧自己的活動，也可能會迸發靈感的小火花。

或許有什麼一直在呼喊著要引起你的注意，但你從未

停下腳步、花足夠的時間來聆聽。把步調慢下來，讓自己無聊到足以讓創意突然爆發。想像一下，如果你不用工作、金錢也不虞匱乏，你會想要做什麼？或者，試著為自己設定一個有趣的追求目標，或是給自己一個保持生活新鮮感的新動力。最後，好好玩就對了。

◇ 第71問 ◇

我如何才能
讓自己更自由？

自由不是辭掉工作或離開你的伴侶，自由是按照你想要的方式生活。這意味著，你不太在意他人的眼光，而是把自己的需求和別人的需求放在同等重要的地位。自由意味著，選擇與那些能讓你心靈歡唱的人、地點及事物多多接觸。靈魂想透過我們來表達，但首先我們必須勇敢選擇，下定決心活出真正的自己。藉此，我們才能打開通往幸福及神性能量的通道，讓它們得以顯化於現實世界。

如果你很難想像自己如何才能做到這一點，可以想想一個你認識的人當你的榜樣，在你眼中他已經成功做到了。留意你可能會以非常微妙、隱晦的方式選擇退縮，而不是大膽前進。好好反思一下，現在的你是否完全按照自己的心意生活。

◇ 第72問 ◇

如果我選擇做真正的自己，
會有什麼不同的做法？

我們的言行舉止都受到文化和社交圈的制約，但這不是問題，除非我們以一種不真實的方式生活。的確，當我們真實做自己時，必須冒著遭受他人批評的風險。但如果不這麼做，我們就只能一輩子都帶著內在的失望生活下去。請給自己一分鐘的時間，好好想想這個問題：「如果要你百分百做自己，最壞的情況會是什麼？」即便你失敗了，但至少你嘗試過了。

我們都走在學習的路上，也不斷在進步，只要我們願意，都能在每一次的失敗中找到成長及前進的養分。把你過去在所有失敗中領悟到的寫下來，讓這些經驗成為你的靈感，幫助你持續展現最真實的自己。

給自己一點時間，想像一下毫不保留地做自己，你會

是什麼樣子。你內心有某些東西，想要更完整被表達出來；你生活中有某些方向，渴望被更深刻地感受。找到這個問題的答案將為你帶來強大的力量，因為這樣你就可以評估自己每天在多大程度上放任恐懼支配著你的生活。只有你放棄了，才算失敗；只要你能重新站起來，繼續前進，那麼你就贏了。在做自己的過程中，力量和信念是給你的最終獎賞。

Chapter 9

明辨

理性思考能幫助我們在決策時權衡利弊得失，並
徹底分析我們當下的能力和缺點。直覺則是來自
靈魂的聲音，可以幫助我們校準客觀的現實。這
種直覺力的潛能無限，還有待我們開發。

KNOWING

為了讓生命發揮出最大的潛能，我們必須在保持理性思考的同時，也歡迎自己的直覺。當這兩種不同的意識狀態協調一致後，就能引導我們安全地從已知的現狀，進入到令人興奮的未知領域。理性思考能幫助我們在決策時權衡利弊得失，並對我們當下的能力和缺點徹底分析。直覺則是來自靈魂的聲音，幫助我們校準客觀的現實。直覺帶領我們跨越感官的限制，讓感官心智可以覺察到最愉悅的真我表達。

　　出自直覺的「知曉」是智慧的最高形式，因為它直接與智慧的源頭相連。它能激發想像力、創意和自信，幫助我們釐清生命的目的和使命。人際關係也會因此改善，因為我們能以同理心與他人感同身受。直覺讓我們能夠有效地辨認及處理問題，從而降低壓力。

　　大部分時候，我們都處於小我的狀態。然而，如果我們只以這樣的方式運作，就會阻礙直覺的智慧流入，並錯失個人進化的必要訊息。幸運的是，除了思考能力之外，我們還有直覺力，而後者還有待我們開發。每天給自己一段靜默的時間是必要的，這樣我們才能與感知真相的內在力量保持一致。我們必須讓思維腦安靜下來，因為它總是

想要掌控一切。簡單的冥想就能解決這一點，在冥想中，我們將注意力完全集中在單一事物上，比如呼吸或咒語，以集中向內的專注力。當我們的心智遠離外界紛擾，神經系統就會靜默下來，身體也會平靜許多。在內化的狀態下，我們的心是打開的、接納的、信任的，於是靈性的敏感度會甦醒，而我們也因此能在理性和直覺之間取得平衡。

處於平靜與專注的狀態下，就能聽到靈魂的回應，它引導我們消除疑慮、擺脫恐懼。臣服於寧靜的、直覺的接收狀態，我們會進入更高層次的意識，體會平和、安全的愉悅感。一旦習慣與靜默為友，平靜感就會充滿我們的內心深處，並始終都知道接下來的每一步應該怎麼走。讓我們得以領受這種真正智慧的，是謙卑的態度，而不是過人的智力。來自靈魂的溫柔細語，揭示了我們與無限真理的永恆連結。

小時候，我的直覺是
受到鼓勵或是被否定？

許多在成長過程中發生的事情，孩子都被蒙在鼓裡。有時是出於保護，但也可能是因為家人心口不一或言行不一致。每當有人想隱藏自己的情緒或動機，孩子都能感覺得到。如果這些發現沒有得到承認，孩子就會開始質疑自己感知真實的能力。

如果你也有過這樣的經驗，請每天開始測試你的直覺。傾聽身體發出的訊號，感覺它用什麼方式在傳遞真相或矛盾。學會注意內在感覺傳遞出來的危險訊號，它們在告訴你表象與真相是不符的。

留意你的直覺或第六感，當它們浮現時請記錄下來，看看最終會發揮什麼作用。隨著時間推移，你將會明白直覺是如何跟你溝通的。對某些人來說，那可能是一種器官

或身體上的感受；有些人則可能聽見真相在他們的腦袋中低語，或是眼前有一閃而過的畫面。除此之外，還要學會聽從你的良知，因為良知是強化直覺的重要元素。內心的良知會促使你活得真實。傾聽你的良知，讓你更懂得自己，活出一個更完整的人生。

♦ 第74問 ♦

什麼會讓我的內心
無法平靜下來？

　　生活在這個處處充滿刺激源的世界，與人保持聯絡是常態，我們也越來越不習慣獨處或安靜下來。一開始，你甚至會覺得這樣的安靜有點嚇人。因為在靜默的狀態下，你可能感覺到自己不願去面對的情緒，或不得不面對那些你還沒準備好要去做的必要改變。任何潛藏在陰影中的恐懼會在這個時候爭相湧出來，那是平日你藉由忙碌而刻意忽視的感受。為了能好好與靜默共處，你必須先辨識出是什麼讓你無法安靜或平靜下來。

　　勇敢地看看你在哪些地方對自己不完全誠實，或者你如何忽略了自己靈魂的呼喚，徒然浪費了自己的生命能量。無論發生什麼，記得保持呼吸平穩；只觀察，不做任何評判。邀請那些你一直迴避的不適感或恐懼加入到這靜謐的反思時間，讓慈悲流入。時間一長，當你一步步用疼

惜自己來取代恐懼，就不會那麼容易在安靜下來時感覺到尷尬或孤獨。你心智中的陰影將會日漸清晰，更多的直覺會生起。靜默將成為你充分認識自己的空間，在那裡你能聽見靈魂始終如一、平靜淡然的低語。

◈ 第75問 ◈

哪些內在衝突
會讓我的身心失衡？

持續的身體緊繃、越來越不耐煩、矛盾的情緒、情緒陰晴不定、感覺被壓垮和焦慮……這些都是壓力的跡象，也顯示了內在的不和諧。如果有根本性的內在衝突或做出一些違心的個人承諾，這些壓力跡象就會出現。如果你能傾聽並從中學習，這樣的煎熬將成為你的老師；但如果你刻意忽視、否定它的存在，或長時間置之不理，就有可能發展成慢性的生理或心理疾病。

想想讓你感到衝突或矛盾的事情，例如不喜歡你現在的工作，卻因為經濟因素而不得不待下去；或者，你想追求自己天馬行空的夢想，卻又認為那根本不可能實現。把你的不適感寫下來，無論它是身體上的、心理上的、情緒上的或靈性上的。寫下所有你能想到的相關用語，花點時間把腦袋中的所有思緒都丟出來。接著，留意身體和心

理、情緒及靈性體驗之間的關聯。例如，如果你有消化問題，有可能會寫下反應這個身體狀況的字眼，例如卡住、飽脹或刺激性。接著，你可能注意到自己在情緒上也被卡住，或者精神上很容易受到刺激。盡量探索不同類別的相似體驗，直到你能夠清楚看見不和諧的根源是什麼，以及你該如何解決。

◇ 第76問 ◇

我如何分辨恐懼和直覺？

　　有時候，恐懼或害怕是一種出自直覺的警告訊號，提醒我們在某種情況或關係中存在著真實的危險。然而，害怕也可由恐懼症或神經質引發，使得過度緊張的精神系統陷入混亂，這絕對與直覺無關。恐懼就像是潛意識裡的一把電鑽，不僅阻礙了內在的覺知，更幾乎讓我們聽不到來自更深層次的智慧。要是我們不害怕，就會知道自己需要採取什麼行動，以及如何回應正在發生的事。

　　有一些非常一致的跡象，可以幫我們判斷非理性的恐懼和真正的直覺。如果你感到不安、焦慮、躁動、靜不下來、想要逃離或衝動反應，這些都是恐懼的跡象；如果你感到平靜、穩定、腦中的念頭和心裡的感受一致，這些跡象則代表你與內在直覺已經連上線。恐懼會讓你衝動躁進，而當你跟隨直覺的指引時，則會耐心地等待正確的時機和確定感出現。即便你多少還是會產生負面或害怕的感

覺，但這時的你會更平靜，對自己的能力也更有信心，知道無論發生什麼都有能力處理，即使是困難的挑戰也不怕。如果是出自於直覺，你評估事物的價值是根據它們是否有助於心靈平靜，而且對於下一步怎麼做都是正確的，有堅定的信心。

❖ 第77問 ❖

我現在的直覺，想告訴我什麼？

直覺總是不停發送精微的訊號，催促你朝向自己的至善而行。那或許是腦袋裡一直在敦促你改變的喋喋不休，或許是以生理的感受來提醒你，例如在你走錯方向時，肚子突然不舒服或心跳加速。無論直覺透過什麼方式傳遞訊號，其訊息始終如一，耐心地等待被你發現。

是否要傾聽內在智慧的低語，決定權在你。即使起初它聽起來不完全合理，或在當下難以執行，你要做的都只是信任和傾聽。你會知道指引是正確的，因為它讓你感到平靜而穩定。即便直覺敦促你去做的事並不容易，你也會感到安心且受到支持，因為直覺永遠會把你帶往正確的道路。別讓恐懼阻礙了你發光發熱，除非你允許，否則恐懼無法傷你分毫。你是充滿智慧的自由靈魂，來到這一世顯化出偉大的創造——你的靈魂知道這一刻意味著什麼。

◇ 第78問 ◇

我可以確定的是什麼？

想要過有意義、有目標的生活，就不能少了願景。當你更了解自己、也更了解周遭的世界時，就會抓住自己的定位。直覺讓你能繼續培養個人的洞察力及視界，想想你希望擁有什麼樣的人生，以及你希望成為什麼樣的人。花點時間想一想，從你現在的位置走向你的人生願景，你需要做些什麼。

把你目前確定的事情弄清楚，這樣你才能堅持下去。看看過去的你有哪些地方被困住或偏離目標，把這些困擾都釋放出來。明白自己願意在哪些地方妥協，而哪些地方會堅持到底。誠實地面對自己，看看如何才能更充分地以你認為對的方式生活。這就是清理「內在之窗」的練習，讓你的神性之光能照耀生命。釐清你是誰、要往哪裡去，然後把任何會阻擋你內在之光的阻礙都清除掉。

坦承我「不知道」， 能讓我學到什麼？

我們的心智喜歡以一種舒適的、可預測的方式，根據它所知道和經歷過的事，對事物進行分類。正因如此，我們經常依照過去的經驗做出許多假設，即便其中有些假設不見得適用於現在。

為了能夠真正多了解一點，首先我們必須放下自以為知道或相信的所有一切。「知之為知之，不知為不知」，承認自己不知道，是認知過程中相當重要的一部分。當我們放下什麼都必須知道答案的壓力後，就有機會進入更深層次的覺知。於是真正的知曉，就會在自然而然的狀態下浮現。

當你隨遇而安地進入生命長河，卸下所有你自以為是的樣子，直覺的知曉便會出現。在純粹的覺知中，你不需

要為了維護被刻意創造出來的那個自己而故作姿態，而是只存在著一種寬大的、自然的平衡，讓你能夠全然地信任靈魂。於是，身體成為內在精神的載具，而生命則是內在精神的表達。清除所有現在就要知道答案的需求，允許自己有不知道的時候，這樣反而能學到更多，你還可以感覺到在這個開放性的空間裡，你有多麼自在輕鬆。有時候，你只是需要停下腳步、等待，以及多花些時間傾聽，並且完全相信這個過程。

◈ 第 80 問 ◈

什麼是真的？

超越個人經驗或偏好的純粹真理，確實存在。唯有透過內在的靈魂感知，我們才能辨認出這樣的客觀真理。這就是為什麼當我們聽到一個普遍的真理會覺得熟悉，就像早已經知道一樣——因為我們確實知道。我們對內在這個真理國度的開放和接納程度，決定了我們能以多快的速度獲得知識，也決定了我們能獲得多少知識。

當直覺接收能力較低時，即使你接觸到某個經驗或訊息，也可能無法從中學到或領悟到絲毫。直覺是一種本領，可以讓你迅速掌握到某個情況或問題的意義與目的，以及找到最簡單的解決方案。直覺來自內在本具的智慧，獨立於心理或感官覺察獲得的外部知識之外。規律的冥想練習是個好方法，可以幫你放下個人偏見與執著，提高直覺力，一探浩瀚宇宙的大智慧。

◇ 第81問 ◇

什麼是我現在應該知道的？

為冥想打造一個安靜的空間。輕輕閉上眼睛，做幾次深呼吸，每一次吐氣時要更放鬆一點。把注意力集中在放鬆的身體上，每一次呼吸都要更加放鬆身體。讓所有的想法都像天上的雲朵一樣來來去去，不留戀、不逗留。這是讓你的內在充分休息的時刻，也是獲得神聖指引的時刻。確信你正敞開自己迎接最高的直覺智慧，並保持安靜與完全的信任。

然後問自己：「此刻我需要知道什麼？」停一下，安靜傾聽，答案可能就會出現。但你也可以把這樣的冥想時間當成一次沉浸在個人深度平靜的練習，未必需要得到任何回應。如果冥想時什麼事都沒發生，也不用擔心；訊息可能稍後才會到來。不要評斷、不要分析，只要看著浮現的念頭、畫面或感覺就好。如果你有迫切的事情需要馬上決定，可以試著用「是」或「非」的問答方式來請求直覺

的指引。想像你一手握著「是」，另一手握著「否」。分別看看這兩個字，感覺它們的重量。直接提出問題後，你或許會產生喜悅或鬆口氣的感覺，這是一種答案為「是」或「對」的感覺；相反的，答案為「非」或「否」的感覺，有可能是你毫無反應，或感覺鈍鈍的、卡住的、擔心或害怕的。最重要的，你要一如平常的冷靜。直覺只會靜靜地訴說，因此很容易就被急著分析、衝動的理性心智所淹沒。現在，只要練習如何讓自己安靜下來，傾聽內心深處的聲音就可以了。

Chapter **10**

追隨愛，只需要這樣一個簡單的選擇：無論發生什麼，永遠都把愛擺在第一位。愛給了我們勇氣和信心去追求有意義的事，越是沉浸在愛的能量裡，越能在所有人際關係中體驗到更深厚的愛。

LOVE

愛是宇宙的和諧法則。可惜的是，我們經常受到外界、欲望與習慣的影響而失去和諧。要讓自己重新連結到愛，需要有個強而有力的、有企圖心的決定：「我選擇成為一個有愛的人，不是因為曾經獲得什麼或希望獲得什麼，而是因為我明白愛能為我的心帶來最偉大的平和。」選擇愛，就是選擇和諧，這給了我們力量並看透一切，能結合冷靜的心智與堅不可摧的心來駕馭生命的混亂。

　　在此之前，所有的反思都能幫助我們看清是什麼阻礙了前進的路，並讓我們準備好去面對恐懼、質疑和批判。當我們調整生命，把我們的心託付給了愛，就會釋出巨大的力量。愛讓我們自律，也讓我們擁有復原力。它砥礪我們的意志，給了我們動機去改變，以及為個人的成長付出努力。愛讓我們遠離所有具破壞性的、自毀的人事物，指引我們找到回復平衡的方法。

　　愛就像北極星，指引我們不斷自我修正。對愛的更深承諾，永遠都是任何可能讓我們偏離正軌的情緒或想法的最佳解藥。

　　追隨愛，只需要一個簡單的選擇：「無論發生什麼，

永遠都把愛擺在第一位。」如果我們仔細傾聽，就會聽見愛總是透過直覺來低聲傾訴它的智慧之語。愛給了我們勇氣和信心去追求那些對我們有意義的事，越是沉浸在愛的能量裡，我們在所有人際關係中體驗到的愛就越深厚。

我們踏上愛的道路，渴望成為最好的自己，希望活得有目標，並盡一切努力去克服將我們帶離這種存在狀態的一切。我們克服恐懼，沉浸於充滿信任的愛與神聖的奇遇之中，並為所有生命的良善與和諧而奉獻心力。在人類的煩惱與哀傷中，這種神聖又專注的愛帶來了終極的圓滿。當我們品嘗到靈性之愛的超然甘露時，我們將全心投入這種超越你我的愛，接受就在此刻這份愛與它包含的所有一切將為我們帶來更多的機會。專注於真、善、美，我們將會變得自由，完全體現真實的本性，就像愛一樣。

我如何為自己
選擇更多的愛？

　　以愛為出發點的行為不僅需要勇氣，也需要對愛的力量有信心，特別是當你身邊的人可能不那麼有愛的時候。人們太容易選擇關上心門來保護自己，而不願冒著受傷的風險，坦露自己脆弱的一面。在憤怒、恐懼或絕望的強烈情緒洶湧襲來時，捍衛立場的自我防備似乎是正當的反應，但事實上，這只不過是因為我們無法把愛提升到更大的程度。選擇愛，需要願意冒險把自己柔軟的心坦露出來。好消息是，當我們選擇愛，將會獲得不可估量的力量與平靜。

　　充滿愛的地方，會滋養喜悅與平和；相反的，沒有愛的地方，摩擦、不合與衝突就會占上風。選擇愛，意味著你不需要等到情境符合理想，也不需要別人的行為變得完美。選擇愛，是一種生活的方向，是讓愛來決定你的所有

選擇，因為愛能讓你放下內在的衝突，為你帶來恆常不滅的快樂。注意你的每一個念頭、每次說出口的話及每一個行為，是讓你離愛更近，或是讓你遠離愛。然後，決定你要朝哪個方向前進。

◇ 第83問 ◇

我該如何療癒情傷？

　　我們都曾經受過傷害，但不是因為愛，而是因為試圖操控愛或缺乏愛。當人們背離了自己真正的靈性本質時，就可能犯下這些越界的錯誤。遺憾的是，很多人都是因為這樣的狀態而做出不當的舉動。如果你曾在一段親密關係中受過傷，或是從此不再去愛，現在是時候重寫你的愛情故事了。

　　現在就承諾自己，從今以後只靠近對你有利的人事物，並遠離所有會破壞你幸福的人事物。如果過去有人說了讓你傷心的話，確保你沒有對自己重複這些話語。注意自己的每個念頭，消除所有負面或消極的想法。希望有人珍惜你，就要先學會珍惜自己；希望有人支持你，就要先為自己加油打氣。

　　關於值得或不值得的判斷，都來自小我的操作，而小

我天生就是不完美的。從靈魂的層次來看，並不存在是否值得的概念。更高層次的自我就是愛，如果你還不明白自己就是愛，現在就可以好好認識這個真正的你。你的真我是純粹的精神之愛。不要讓任何人或任何事，破壞了你和真我（也就是愛）的連結。調整你對自己的認知，讓它和你的實際生活都與「我就是愛」的真相看齊。認定你就是愛，因此一定能夠釋放所有依附小我而存在的舊傷痛。選擇與你的新覺知一起生活，這個新覺知就深深扎根在你真實的本質中，它正在告訴你，你的新愛情故事將會充滿了自由和喜悅。

我的意識是建立在恐懼的基礎上，
還是愛的基礎上？

　　小我的天性自負驕傲，只相信自己的力量。然而，如果沒有「源頭」的支持，個人力量最後一定會耗盡，只剩下局限與害怕。恐懼會使靈魂噤聲，關閉連結直覺的通道。雖然這種情況經常發生，但我們不需要等到力量耗乾，才去接受愛的恩典。

　　在你腦海中一再重播的想法，會決定你的整個意識狀態。如果你的腦袋中塞滿了擔憂的念頭，這是一個跡象，表示你可能太自負或過度相信自己，而不願相信愛你的造物主。要從恐懼轉移到愛，首先要承認並接受自己的脆弱，這樣一來就會創造出一個開口，讓源頭能夠有機會為你工作。當生活中有了更多的信任與愛，你的每一個決定都會變得更容易、更冷靜。有了愛引導你的意識，你就不會誤入歧途。

◆ 第85問 ◆

如果我被愛所束縛，
應該怎麼做？

意願會打開機會的大門。即使你不知道如何在特定情況下使用愛，仍然可以帶著你的意願去試看看。或許你需要練習放下個人的議題或渴望，或許你需要提出更多的問題以更深入地了解真實狀況。有時候，你可能需要給對方更多的空間，來表達你的愛。如果對方對你不友善或不尊重你，你可能需要設下界線，選擇先愛自己。

注意你什麼時候會想要關上你的心門。當小我主導一切，讓我們覺得自己沒有能力去愛時，通常就會發生這種情況。在這種時候，我們必須學會信任及倚靠「愛的源頭」，從無盡的宇宙之井中汲取愛。然後，我們就能夠重新打開自己的心，擴大我們付出愛的能力，從而找到與他人連結的新方式。注意你通常是如何表達你的愛，試著找到新的方式來表達。想想你曾經以什麼方式來接收他人的

善意與同情心？當時帶給你什麼影響？你也會為別人做同
樣的事嗎？不斷地練習付出愛，我們會不斷進步，成為更
好的自己。

我如何能對身邊的人更體貼？

當我們決定擴大心中的愛，就代表愛的對象不會再局限於身邊親近的人。在同事、家人或陌生人當中，一定有人可以讓我們付出更多的愛和關心。停下來想想某個人可能的感受、他可能需要什麼，這是體貼行動的第一步。想想你可能為了誰，願意花自己的時間去關心或幫助對方？這可以是專心地傾聽家人訴說遇到的難題，或是為某個壓力很大的同事分擔工作，或甚至只是對陌生人多點耐心。只要多點體貼，就可能對別人人有幫助。

留意他人的需求，想想自己能提供什麼幫助，這就是體貼。還要提醒你，不需要試圖去解決別人的問題。當朋友難過或痛苦時，貼心地留給他們一個空間去消化情緒，並分享你自己的脆弱。在他們找到自己的解決方法前要多加鼓勵，並彼此提醒挑戰只是學習過程的一部分。這樣一來，體貼就會變成施與受的循環，對雙方都有好處。

◈ 第87問 ◈

如果人生以服務為目的，
我能如何做到最好？

　　無私的服務是一種施予者與接受者共同受益的靈性服務，錫克教稱為「塞瓦」（Seva）*。這是因為我們給予他人的，本質上也給予了自己。觀察你身邊有什麼樣的需求，將你喜歡做的事情與這些需求結合起來，找到一個有意義的方式來盡自己一份心力。問問別人你能提供什麼幫助，給予他們哪些需要的支持。請他們說說自己的需求，然後觀察你的小我是否因為不樂意，而正在試圖說服你打消主意。

　　服務有許許多多種形式，其中不少種聽起來都很簡單

---

* 編按：Seva 是指無私的奉獻及服務，是錫克教創始人及宗師古魯那・納克（Guru Nanak）所倡導的中心教義，他認為無私的服務與努力工作及祈禱一樣重要。Seva 是自願的、慈悲的、平等的、無我的，與出自小我那種尋求名利、身分及地位的公益慈善行為截然不同。

易行，但心懷善意才是我們能做的最慷慨服務。僅僅是心懷善意，就可以促進靈性進化。如果每個人都能帶著善意為他人服務，這個世界將會變得溫馨又美好！無論你說什麼或做什麼，都要懷抱著愛。全然去愛，直到你忘了去計較他人是否也用愛或服務來回報你。越是愛到無私無我，就越能體會到至高無上的快樂。

是什麼樣的悲傷
讓我遠離愛？

通常當我們感到質疑、悲傷或混亂時，就容易背棄愛，尤其是對自己的愛。但是離愛越遠，感覺就越糟糕，越發覺得自己孤單、無依無靠。這種與愛的分離，是所有不快樂的基礎，而這全是起自於小我的心智。值得慶幸的是，我們只需要重新與靈魂連上線，等待著我們的靈魂之愛就能療癒「我們可能會分離」的虛妄信念。

在日常冥想時，你可以從一個與愛連結的意圖開始，記住，愛是維繫你生命的能量。把靈魂從恐懼、失去及怨恨的幻覺中召喚回來，重新集中在你的神性本質之上，並再次把愛的能量吸收進你的生命。只要對愛有信心並臣服於愛，你就能看穿分離與它所導致的悲傷，全都是錯覺。我們不可能與愛分離，哪怕只有一瞬間，因為愛是你生命的核心。

如果我用愛取代評判，
會有什麼不同？

　　好壞或對錯、想要或不想要……我們的心智是一個不斷在評判的機器。試著觀察一天，你就會發現心智的評判簡直無所不在且持續不間斷。而可悲的是，評判是造成人與人分離的元凶，也會讓我們遠離愛。

　　事實上，我們的問題通常都抓錯了方向，因為我們都戴著有色的鏡片在看問題。與其評判哪裡出了錯，不如找找哪裡做得對；與其專注於你們之間的差異，不如找找你們的共通點；與其批評他人的缺點或不足之處，不如找出對方的優點或強項，並不吝在他們表現良好時高聲讚美。當你接受不完美才是常態時，就能夠重新提出問題，並產生一些新結果，例如理解或同理心。透過付出愛與尊重（即使是你不認同或誤解你的人），你擴展了自己的慈悲心，而在這樣的悲憫中你也得到了自由。

◈ 第90問 ◈

愛有千千萬萬種，
我最想要哪一種愛？

　　母親、父親、朋友、愛人、導師、守護者、顧問——不管你怎麼稱呼他們，他們的本質都是愛。每個人都能以各自的方式去感受自己對愛的需求，這通常和我們是否獲得足夠的愛有關。由於源頭的愛能以各種形式存在，因此我們只需要連結到神聖能量，就能召喚到想要的愛。如果你已準備好接受及體驗不同的愛，並願意透過實際行動去體會，那麼可以試試下面這個實驗。

　　請用整整一天的時間，擺脫掉你的大腦，進入你的心。在這一天中，你的所有言行都出於愛。無論大事小事，請以你想得到的各種方式去體驗愛，尤其是你特別渴望的那種愛。不要去計較是否會得到回報，也不要質疑自己。親自去做這個實驗，看看你有什麼感覺。

當你全心全意地呼喚愛，用整個生命去愛，愛就會以你想要的方式來到你身邊。準備好迎接奇蹟。這個美好的練習會擴展你對靈性的覺知，而你將會明白愛一直都在你身邊，它永遠鮮活、永遠可取得，而且始終以不同的形式圍繞著你。

Chapter *11*

目 的

每一個人都帶著獨特的目的前來，都有此生想要
完成的人生功課及任務。安靜地聆聽靈魂渴望傳
達給你的訊息，就能得知我們為何在此，以及為
何而來。

PURPOSE

每一個投生為人的靈魂，都帶著目的前來。每個人都必須去發掘自己此生想要完成的獨特目的，這個獨特的人生目的，就是佛教所謂的法（dharma）。你的心為了什麼而喜悅、什麼樣的熱情讓你夜不能寐，以及你會以什麼方式受到召喚而去為更大的利益服務，這就是你的「法」。當我們能夠活得有目標、有意義，生命就會熠熠發光，靈感時時湧現。

　　由於靈魂的本質是無限的，因此它想要透過生活表達的事物也是無限的。溫柔地自我探問，釐清什麼能在任何時間點燃你靈魂的熱情。生命的每個階段都會帶來新的機會，讓我們辨認出何者為重，以及什麼能填滿我們的內心之井。我們的使命感可能會三番兩次地更改，這是因為我們會持續評估這一世來到這裡究竟是為了什麼。

　　要做到這一點，我們必須保持直覺的通道暢通。將那些讓我們遠離愛的想法或信念，替換成聚焦於愛的想法及信念。唯有外界拉扯的力量平靜下來，我們能夠深入連結到內在的靈性智慧，才能聽見內心最深處的召喚。每一天，我們都可以提醒自己去聆聽內心深處的美麗靈魂，這樣它就能揭示我們為何在此，以及為何而來。

維持一種有意識的生活目標及信念，能讓我們把靈魂置於小我之上。因此，任何犧牲都像是微不足道的獻祭，以換來不可動搖的靈性力量和智慧。靈魂驅動的價值觀會照亮我們的道路，內在衝突得以解決，艱難的選擇也能夠輕鬆決定。即便其他人未必會一直明白、理解或同意我們的選擇，但不管外界是否認可，我們都依然感到快樂。當我們跟隨內心的召喚時，自主決斷及行事的能力就會順暢流動。一旦根據內在的最高價值來做決定，且目標明確，就將會帶來成功和長久的幸福。

　　讓生活充滿目標明確、有助於個人成長的活動，而不是只以膚淺的東西、短暫的享樂來消磨時間。這麼一來，即使步入老年，也能持續充滿活力。當我們活出自己的生命目標，就能慷慨地幫助他人也找到他們的目標。以目標為導向的人生，能為相關的每一個人帶來快樂。

◈ 第91問 ◈

此時此刻
我唯一的目的是什麼？

Dharma（法）這個字源自於梵文字根 dhri，意思是「持有或支持」。廣義來說，法是維持受造物內部神性秩序的法則，也是真正的真理。當我們依法而行，生命就能和諧，痛苦也將遠離。踏入個人的法，就是意識到你此生的目標，並持續讓這個目標為眾生的最大利益服務。你的特殊專長與熱情，一定能透過某些方式為眾人帶來幸福。當你確定你的法是什麼時，就會感到平靜，心、腦和靈魂會連結在一起。

不要和他人攀比，傾聽自己的心，想想你能為這個世界帶來什麼：你擁有的某種天賦、技能或資源，可以幫助一個人或甚至百萬人。

這個創造性的天賦可能很簡單，也可能非常複雜。光

是投入其中就能帶來莫大的滿足，而不是只有看到成果才能讓你感到滿意。當你完全沉浸在其中、渾然忘我時，會覺得時間過得飛快。從事自己熱愛的事物，能讓我們花上大量的時間也不覺得疲累。事實上，你反而因此更加神采奕奕，總覺得有更多東西能分享出去。想想看，有誰需要你的給予及付出，或者你能為哪些人帶來改變。當你活出最佳版本的自己，當你的心完全敞開，你會知道自己正走在正確的道路上。

我的天賦為什麼很重要？

　　一旦你從【第 91 問】找到你今生獨特的使命後，請想像一下，如果你沒有完成使命就死去，結果會如何？這個世界會因為你「繳白卷」而錯失什麼嗎？說不定會失去很多。可以確定的一點是，這個細密交織的整體網絡將會失去一個關鍵的連結點。其他人將錯失你要分享的東西，你的靈魂也會因為無法實現今生的目標，黯然結束這趟生命旅程。

　　再想像一下，那些知道你擁有某種天賦、技能或才能的人，會怎麼說你為何沒有好好使用它。你更希望聽到他們怎麼談論你，那就按照你的希望那樣生活吧。依照自己的生命目標而活，一點都不自私；事實上，這麼做反而才能利益眾生。把所有你能透過分享自己獨特的天賦，而使他人受益的方法都列出來。

不要剝奪這個世界從你身上獲得利益的機會，我們每個人都是構成單一實相的重要組成部分，也因此，我們注定要以某種方式施展個人的天賦，來為所有相關的人、為這個世界帶來效益與貢獻。

如果我能改變世界，
我最想改變什麼？

　　有時候，我們可能會覺得自己很渺小，似乎無法對這個大千世界帶來一點點影響；但事實上，每個人都有可以分享給這個世界的東西。想一想，當今這個世界你最關心的是什麼？有什麼是你非常在意的？答案可能是事業、不公不義，或是人類共同的某個經驗。

　　知道你想要改變什麼，是引導你找到今生任務的一個非常好的指路路標。哪怕是一個小小的改變，都可能是你靈魂今生所要擔負的責任。你的改變就像小水滴，無論你的小水滴是整桶「改變之水」的第一滴水，或是讓這桶「改變之水」滿溢出來的最後一滴水，你的這一滴水都很重要。

　　如果你還沒展開一或兩種有意義的改變，為世界的正

向改變盡一份心力，那就從今天開始吧！走出舒適圈，行使你的權利，發揮你的力量。無論你把能量用在住家附近、國內或整個世界，都會有人欣賞並感激你的貢獻。只要是出於愛的行動，都是偉大的行動。

◈ 第 94 問 ◈

這個活動，對我真的有必要嗎？

　　就像囤積財物一樣，我們也會囤積「活動」，其中有些活動是有意義的，但也有許多活動毫無意義。排除那些不符合我們最高價值，或是對自己、他人沒有絲毫意義的活動，是幫助我們釐清生命目標的一個重要過程。就像清理掉櫥櫃中那些占用有限空間的無用物品一樣，也要把每一天那些沒有意義的活動都清除掉，讓心和腦騰出更多空間，準備做更有意義的活動。

　　當你看到這道問題時，首先想到的活動就值得你花時間反思。但，可千萬不要止步於此。回顧你日常的所有活動，一一評估它們是否真的有必要花時間去做，以及這些活動是否有意義。

　　平日你花最多時間和精力進行的活動，對你的個人成長有幫助嗎？如果答案是否定的，就要重新評估，想想你

能如何以最好的方式善用有限的時間和精力。如果你沒能充分利用自己的才能，對你或其他人都沒有任何好處。讓你自己發光發熱吧！

◈ 第95問 ◈

在生活中，
是什麼不斷地推著我前進？

想想，什麼事讓你一睜開眼就等不及想起床？當你從事這些活動、創作或追求時，你全身心投入，沒有絲毫保留。或許這是你迫切想知道結果、正在研究或實驗的東西；或許這是你急於分享，想透過藝術或文字表達出來的東西；或許這是你出於某種原因，熱衷於服務的事業。這樣的事，即使沒有金錢報酬或得到任何表揚，你也會義無反顧地去做。

靈魂呼喚我們的方式有時隱晦微妙，有時很直接，直到我們聽見才肯停止。什麼主題是你會不斷去而復返、欲罷不能的？什麼是你會為了自己和他人利益而深切渴望的？什麼是你很容易沉浸其中的？

回顧自己的生活，看看你的靈魂用什麼方式、基於什

麼原因，一直在激發你的熱情，推動著你前進。密切關注那些不僅能讓你眼睛發亮，也能讓他人受益的熱情。它們都在指向你此生來到這裡要實現的目標。

◈ 第 96 問 ◈

我這一輩子都會
常常問自己的問題是什麼？

就像你設下的目標一樣，這個問題的答案也會隨著不同的人生階段而調整，但它們都會有一個共通的主題，都有脈絡可循。在這個脈絡中，你可以看出自己的生活經歷、人際往來的關係，以及所有吸引你的事物。不要急於回答這個問題。讓你的心智沉澱、安靜下來，由靈感及熱情來引導你找到自己的真相。

想一想有哪些東西是你這一生要教導別人的？又有哪些主題年復一年地在你的心中引發共鳴？試著就這些問題寫一個清楚的自我提問。這個核心提問，是你在生活中一直試圖解決的問題，也是你今生面對所有挑戰都在試圖回答的生命提問。每個人一生中至少會有一個主要的生命提問，有時會有好幾個。當你認清自己的核心提問是什麼，以及你和這個提問之間的關係，就離答案更近一步了。

◈ 第 97 問 ◈

我的靈魂想表達什麼？

　　在需要我們的地方，做我們該做的事，以產生最大的影響力，這就是有目標的生活。如果靈魂不想在今天、明天或每一天透過你的生活來表達些什麼，你就不可能像現在這樣好好呼吸及活著。你的生命，就是你向世界傳遞的訊息。

　　想想你根深柢固的核心價值。接著，按不同的生命階段來回想你的生活：青少年、成年後、中年和老年。到目前為止，你是否充分表達了這些核心價值？如果你對目前為止自己所做的一切，以及投入的時間、精力與資源都感到滿意，那麼你的所作所為很可能跟自己的靈魂使命是一致的。如果不是，現在正是你重新調整的時候了。只要我們願意，宇宙能量希望我們每個人都能做最好的自己，所以好好傾聽、放開自己、掃除一切障礙，讓正能量能夠暢通無阻地流經你。

◈ 第98問 ◈

人生的目的是什麼？

想要在這一世找到安身立命之處，就必須把探索的範圍從個人擴大到全宇宙。雖然自古至今的各種宗教和哲學提供了許多理論與教誨，但身為獨一無二的存在個體，我們必須找到自己滿意的答案，而不是別人滿意的答案。唯有如此，才能設定一條強而有力的道路，並從任何試圖使我們偏離目標的挑戰看出其中意義。

我們必須在生命走到盡頭前，對自己提出這個深刻的提問。如果沒有找到一個篤定的答案，無論是生是死，恐懼都將一路伴隨。對生活的總體目標有一個清晰的視角，可以幫助我們釐清自己獨一無二的存在目的。當所有的「我」都融合為一，就能明白所有人共通的本質，以及釐清我們在意識場中的獨特角色。

我要怎樣做，
才能更肯定自己的目標？

　　如果不能勇於行動，只是明白自己此生的目標是遠遠不夠的。如果你對一種比小我更強大的力量沒有信心，不相信它能支持你一路前行，那麼恐懼和懷疑一定會讓你長久的努力付之東流。無論你怎麼稱呼它，它是來自靈魂的指路明燈，當挑戰威脅到你對生命目標的堅定意志時，它是你堅持下去的支柱與動力。

Chapter 12

精進

自我精進是一條重複鍛鍊心智、嚴謹自律的道
路,是把質樸的美德和無私融入每一天的生活
中。不管有任何干擾和挫折,都必須持續走在這
條道路上,因為自我精進不只需要全然的熱情,
還需要完全的臣服。

MASTERY

在現代的用法中，mastery 這個字的意思通常是指精通，例如精通一門技藝、一門學科或一種學問。然而，把mastery 用在靈性的領域，指的是真正的靈性導師，這種大師級的人物必須完全脫離個人的小我、小我的私心和小我的欲望。這種解脫狀態也稱為開悟，是非常難以達成的一種罕見境界。

只要我們還會被具有分離意識的小我牽著走，就尚不足以成為開悟的大師。然而，一旦我們開始試圖整合心、心智、身體和靈魂的智慧，至少就踏上了回家的旅程。要抵達終點，一輩子都要自律，時時刻刻選擇放棄小我的打算，選擇以靈魂為中心的生活方式。但這不意味著過程一定是困難的、痛苦的，而是指我們不會再迴避挑戰，因為這是成長和學習之路的必要過程。

專注、勤勉的修行能讓我們走在大師的道路上，我們必須孜孜不倦地觀察自己的想法，看清楚自己仍然需要努力的靈性功課還有哪些。我們必須做正確的選擇，而不是選擇簡單、輕鬆的事，還要對自己百分之百誠實，公正無私地分析自己的行動、反應、動機和態度，才不會自欺欺人。時時自省，可以防止我們在調整方向之前，不會偏離

太遠。

要進行深刻的自省，安排一段規律的靜默時間是必要的。透過冷靜的內在觀察，我們可以評估自己當下的優缺點，而不致產生高人一等的優越感或處處不如人的自卑感。當我們注意到自己的弱項或局限，就能提醒自己展現更多的高尚品質。一旦有令人不安的負面情緒或衝動生起時，我們可以透過練習，逐漸看穿它們不是真的。像冥想或祈禱一類的自我修習，有助於我們專注於真理和愛，敞開心去接收直覺的智慧，並在經歷挑戰時保有韌性及復原力。

我們也必須隨時保持警惕。任何讓我們背離愛的想法，無論看起來多麼微不足道或合理，都必須立即拋開。我們不能再為習慣或情緒找藉口，所有的防備和恐懼都必須替換為無懈可擊、基於愛而生的勇氣。守住那些讓我們更靠近愛的想法與行動，堅持下去就能與真理同行，並與創造的和諧原則同一步調。

自我精進是一條重複鍛鍊心智、嚴謹自律的道路。成為大師不是靠一時的激情或是突然的靈光一現，而是要把質樸的美德和無私融入每一天的日常生活。不管有任何干

擾、分心或挫折，我們都必須持續走在這條光榮的道路上，因為自我精進不只需要全然的熱情，還需要完全的臣服。

　　想知道自我精進的成果如何，可以從以下三個變化一窺究竟：不管外在環境怎麼變化，我們都能保持內在的滿足與平和；我們有多大的能力可以隨心所欲地創造出自己渴望的東西；以及我們如何讓自己穩定地時時處於喜樂及對眾生的愛之中。這就是靈性覺醒的美妙旅程。

◇ 第100問 ◇

我需要喚醒哪種靈魂特質的力量？

———————

　　經典古籍《薄伽梵歌》（*Bhagavad Gita*）以充滿靈性的比喻，來說明每個人都會體驗到的小我與靈魂之爭。以下列出的靈魂特質，在《薄伽梵歌》中均有提及。當你就每個特質逐一反思時，請想想現在的你在多大程度上體現了這些特質，又有多大的意願想要體現它們。你想成為什麼樣的人，努力想像一下。然後，誠實面對自己的壞習慣或缺點，把能幫助你克服它們的特質寫下來。

　　從以下列出的特質中選出一個，在接下來這個星期，透過各種不同的方式應用於家人、工作、健康方面，甚至是你內心的自我對話。找到能夠呼應這個特質，並能啟發你的名言佳句，或者直接針對這個特質自己寫肯定語。有需要的話，還可以請求他人幫忙或指導。

- 無所畏懼　　　　　　　・純粹的心

- 堅忍不拔
- 自律
- 平和
- 不慍怒
- 慷慨
- 謙卑
- 耐心

- 仁慈
- 坦率
- 誠實
- 同情心
- 溫和
- 寬容
- 慈愛

◆ 第 101 問 ◆

小我最常用來
欺騙我的伎倆是什麼？

就像要辨認出你不知道的陌生東西一樣，要看清小我如何欺騙自己並不容易。當小我感覺受到靈魂排擠而逐漸失去控制時，它會變得相當狡猾，用良善的意圖、值得讚許的努力或高尚的精神來偽裝自己。

注意你現在感受到的優勢或弱點，小我通常會在這些地方出沒，編造各種防衛性策略或令人分心的故事。或者，小我也可能盤旋在你一直想證明或尋求認可之處，或者藏在你的憤怒、恐懼和嫉妒裡。密切觀察你的想法、用語和行動，你會注意到是什麼導致了你的痛苦，這就是小我的地盤。永遠要注意你的選擇是出於人性，或是出於你的神性。

觀照自己的想法，練習活在當下，並保持心情愉快。

這些看似簡單的技巧，卻是自我精進的不二法門。不要被小我糊弄，以為自己已經深諳此道，因為這些技巧看似容易，但要完全做到卻不簡單。

◈ 第102問 ◈

我可以坦然接受所有一切，
而不產生執念嗎？

注意那些你因為恐懼、防備或執著某個結果而自我封閉的時刻。把心打開去接受生活中止在發生的一切，這樣的轉念能創造出一個喘息的空間，讓自己變得更從容。當你不再緊抓不放，就能在這個柔軟的空間中注意到並聽到靈魂的指引。

小我越是遠離控制欲，轉而服務於靈魂，我們會變得更慷慨、更自在，也更不容易隨著外界的情況起舞。如果能用開放的心態走過生命的每一時刻，而不執著於特定的結果，就能獲得最終的平靜。當你隨順生命長河的起起伏伏，而不使勁費力，即便是最複雜的問題，也會出現最簡單的解決之道。

無論什麼情況，快樂與平靜都是用來衡量行動是否正

確的指示器，你感受到的快樂與平靜越多，代表你的行動越正確。一旦學會放手，不再堅持事情應該以何種方式展開，靈魂中最純粹的喜樂將從內心湧現，你可以感受到自己和這份喜樂連結。

◈ 第103問 ◈

放下「我該怎麼做」的想法，
只跟著喜悅走，會怎麼樣？

我們的思維腦總是轉個不停，渴望知道事情會以何種方式發生。一旦得到答案，它才會感覺一切都在控制之中。然而，回想你真正感到快樂的那些時刻，那時的你更可能是沉浸在一種自發性的感受中，而完全沒有被小我預期事情應該如何發展或怎麼發生的壓力裹脅。一旦我們能放下小我對爭奪控制權的企圖，自然會輕易地進入一種心流狀態，感到既平靜又充滿勇氣。

想像一下，你現在的生活快樂又幸福，接著花點時間去觀想所有的細節和背景。注意你的小我是否在一旁喋喋不休，試圖以「這怎麼可能實現？」來質疑及阻礙你。你要有意識地放下想知道事情會如何發生的渴望，並把喜悅擺在首位，然後堅定地認為你一定能夠心想事成。記住，大師們之所以能夠雲淡風輕，是因為他們總是充滿了信心。

♦ 第104問 ♦

我是誰？

這是一個大哉問，也是每個人到了某個程度後都會糾結的問題。在你開始試著回答自己是誰之前，先要在許多方面弄清楚你「不是誰」，而不是成為怎樣的人。

不要全盤接受他人給你的訊息，不要讓別人給你貼上這樣那樣的標籤，也不要在意世俗的壓力，但是這需要極大的勇氣。如果你已經接受了別人對你的負面評價，很可能是因為你也會這樣看待自己。在明白真正的自己是誰之前，你必須讓那些對你沒有愛也不夠友善的聲音安靜下來，你要明白那些都不是真相，不再允許任何人或任何事掩蓋了你的真實本質。

價值是掙不來的。若你無法發自內心真正去相信，再多的外在認可都不足以證明你的價值。問題在於，你如何定位自己。你是值得的，因為你是帶著愛的純粹靈魂。當

你透過反思一層一層分析自己是誰時，要堅持不懈地肯定這一點。完全承擔起責任、全身心投入，以及全然地覺知，只要貫徹這三點，你將辨識並實現自己的內在價值，洞悉自己原本就是具有靈性的火種。

◈ 第105問 ◈

今天，我能如何成為最好的自己？

我們幾乎每天都會照鏡子觀察自己的容顏和身體，期望以最好的樣子去面對外界。看著鏡中的自己時，請帶著慈悲心去看待這個會隨著時間老去、會受傷、會生病的脆弱身體。既是生而為人，這些都是不可避免的煩惱，永遠要善待你的身體，那是你靈魂的聖殿。

除了維護身體外觀，更重要的是每天都要照照內在的反思之鏡，消除所有正在困擾心智的憤怒、恐懼、悲傷、嫉妒及懷疑。認可你是內在閃耀著光芒的靈魂，一時的情緒體驗無法撼動你。清除會遮擋光的所有一切。一發現短處，就培養與之相反的高尚品質。面對那些容易被外界觸發的反應，你要練習用耐心來應對；面對疲憊與倦怠，則要培養熱情來回應；而面對驕傲，你要學會謙卑。這些才是你真正的靈魂本質。透過以上的方式，就能確保你的內在風景是清晰的、透澈的。

我能如何去慶祝並
享受生命的奧妙？

當我們穩穩扎根於神聖的此時此刻，不把精力浪擲在回想過去或想像未來，生命的奧祕便會時時刻刻在我們眼前揭開。在這一刻看似毫無意義的事情，可能在下一刻就變成意義重大的關鍵。我們要做的，就是放下先入為主的想法，放下認為事情應該如何發展的期望，讓自己只全然沉浸於一切當如是的神祕本質中。最偉大的練習，是時時刻刻移除內外在的障礙，只剩下全然的信心及信任。

對生命的終極禮讚，以及你在人生路上不斷精進自我的回報，將會是擁有超越恐懼的非凡能力，以及常駐心中的無條件的愛。遵循生命的和諧法則，同時禮讚生命的奧妙，你將在所有外境及所有生命中看見神性。你朝著這個方向邁出的每一步，都值得慶祝。

◆ 第 107 問 ◆

光明與黑暗，
我選擇站在哪一邊？

　　光明對抗黑暗的故事由來已久，在群體和個人層次上已無數次地重複上演。在自我精進的過程中，每個人都會無數次地面臨這個二選一的忠誠抉擇。黑暗力量無論被稱為誘惑、自私、撒旦或摩耶（Maya）*，都會持續瓦解我們為個人進化所做的努力。然而，只要我們保持清醒，看清它的把戲，黑暗便無法阻擋我們親近愛與和平的光。

　　保持警惕，注意每天拉扯你的能量，以及你是朝著正面或負面的方向前進。分析你腦袋裡的主要想法是什麼性質，以及目前的生活是往哪一方向傾斜。為自己的想法和

---

* 編按：Maya 源自梵文，中譯為幻影、幻象或錯覺，是印度宗教與哲學一個非常重要的概念。人必須破除摩耶，才能證悟「梵」（終極實相或大我），達到「梵我合一」的境界。

行為負責，並與神性的光校準。捍衛你的喜樂而不是無知，選擇愛而不是恐懼，並學著過無私的生活。從慈悲的角度提問，把每件事都看成是自我成長和靈性進化的機會。透過這樣的方式，你就能驅走讓你萌生退意的黑暗，繼續走在自我精進的道路上。

◈ 第 108 問 ◈

現在，
我需要回答的問題是什麼？

　　想得到正確的答案，就得先提出正確的問題。所以，如果你的問題一直沒能獲得需要的答案，可能就該換一個新的問題了。先從一個簡短的冥想開始，全身心地專注於每一次的自然呼吸。在十到二十次呼吸之後，讓你的注意力鬆懈下來，只是在一旁看著氣息自然地進出身體。你意識到，有一個比你大得多的力量正透過你的身體呼吸著。在心中默默對這個力量說：「現在，我願意傾聽對我來說最重要的問題。」

　　確定了最重要的問題後，再花點時間想想可能會阻擋你回答的最大障礙是什麼。然後就像個大師一樣，讓自己帶著力量、勇氣、意願和無盡的愛來面對這個障礙。

結語
每天一問，
讓自我提問成為你的新習慣

　　內省是謙卑的自我練習，是一種永無止境的小我管理過程。它要求我們培養不帶任何評判的覺知，以便看清楚自己，而不被自我評判所干擾。當我們一層層揭開遮擋靈魂之光的個性和習性時，雖然有時會感到耗盡了全部的精力，但當內在的光向外照耀時，感覺是如此美好，以至於你心心念念的，就只剩下如何讓那光更加明亮。隨著時間推移，帶著學習心態的所有自我叩問、不斷探索新典範與可能性的開闊心胸與意願，都會讓你越來越樂在其中。

　　想要成為終身的學習者，就要以幽默、耐心、誠實及堅強的韌性來進行有效的、持續性的自我反思。對自己的缺失學會一笑置之，不要對自己太嚴苛。一時的挫敗不可避免，我們都可能一不小心又回到舊習慣和舊信念，而無法為我們至高的目標服務。別擔心，只要願意去逮住這些

讓你跌一跤的時刻，然後爬起來繼續往前行就好。不斷地對自己提問，就能不斷地成長和進化。自我提問是幫助靈魂進化的一大技能。

全書分為十二個主題，順序則是根據我過去目睹人們的意識轉變過程而定下的。將這些主題當作指導方針，可以用來探究你目前正在經歷的問題，但千萬不要讓心中顯而易見的答案限制了你。本書所有的問題都是彼此交織、相互重疊的，都有絲絲縷縷的關聯。以下我會簡單說明這些主題如何融會在一起，共同促進個人的成長及進化。

首先，我們要界定需要改變什麼。接著，找到你可以奉行的核心價值，作為改變的依據。一旦有負面或自我設限的信念阻礙你，就召喚覺知之光來幫助你。要時時確定你百分百願意為改變付出努力及代價。在前進的道路上，要辨識出改變帶來的人生功課，並學會為自己的所有選擇與行動負起全部責任。接受現實可以釋放出更多的內在空間，讓新的靈感浮現。抽時間在靜默中休息，相信你的直覺，讓靈感及啟發成為真正知曉的智慧。時時刻刻都要與真理和愛校準，你的人生目標就會變得越來越清晰。當你始終如一地做到以上各點，就是走在自我精進的大道上。

迎向改變的訣竅

在通往真實自我的道路上，同樣的問題往往會以不同的方式或情境出現在你心裡。無論你是否有了明確的答案，都要相信這個自我叩問的過程，因為它會幫助你與內在更和諧一致，讓靈魂能真正與生命互動對話。

每天留點時間自我對話，找一本喜歡的筆記本，把自己的所思所想和過程中不斷浮現的問題寫下來。隨身帶著小筆記本或使用手機，把隨機出現的自我提問記錄下來。每隔一段時間，就重新審視那些讓你心生抗拒的問題，看看你現在是否已經能心平氣和地回答這些問題。針對最近生活中出現的新問題深入分析，也可以問問別人哪些問題曾經對他們產生深遠的影響，而哪些問題幫助他們成長。特別注意那些跟你思維方式有關的問題，以及那些你不斷會回頭去看的問題，看看這些問題如何反映了你的生活模式。保持好奇心並試著這樣想：「這不是很有趣嗎？我想知道⋯⋯」享受這個過程！

如果有某個問題，你在一段合理的時間內沒有得到答案，請試著重新組織這個問題，用不同的方式來提問，或

者為你正在苦思冥想的問題尋找一個新的層次。當你使用正確的措辭時，就會與直覺連上線，從神聖指引那裡得到回應。不過，在問答過程中，不要忘了要完全臣服。提問→放手→信任→傾聽，如此一再重複。好好處理過程中生起的任何憂慮或質疑，因為它們只會在你的心智中製造干擾，使你聽不見真正需要聽到的聲音。

你越是能接受這些幫助你了解自己的內在提問，就越想在人際交往中使用它們，加強你與他人的連結。適當的提問可以在社交場合建立融洽的關係、激盪出有創意的解決辦法、鼓勵創新，以及幫助行銷。帶著慈悲心提問，則能讓關係更加親密。在對的時間，以愛及善意為出發點所提出的問題，是觸發轉變的強大催化劑。

讓我們透過有意識的自省及明智的提問，在個人層次和集體層次上一同前進、成長。這樣一來，我們都能找到回家的路，重新回到愛、喜樂的懷抱，並與自我的神性合而為一。

致謝

首先要感謝我的先生賴瑞（Larry），謝謝他全力支持我對寫作的熱情。沒有他的支持，就沒有這本書。他是我的靈感泉源、校稿者、啦啦隊長、按摩師、早餐主廚，他會為我開香檳慶祝、說笑話幫我解壓，是我最全能也最親密的愛人。謝謝你，親愛的。謝謝你這個人，也謝謝你為我所做的一切。

感謝我的兒子班寧（Benen）。感謝他來到這個世界上，與我分享他的個人旅程。我有幸成為你的母親，一直都以你為榮。每當我感受到你義無反顧地擁抱生命和愛，我的內心滿溢著歡喜。

感謝我的老師帕拉宏撒・尤迦南達（Paramahansa Yogananda），致上我深深的愛。感謝他幫助我了解內省對靈性成長的必要性。謝謝你一路上給予我堅定的愛，也教會我對自己負責。

在此，我要深深祝福我所有的客戶，他們是如此勇敢地踏上個人成長的旅程，並全然信任我的指導。你們既是我敬愛的老師，也是我摯愛的學生。

向我的經紀人史提夫（Steve）擊掌歡呼，謝謝他總是義無反顧地幫我克服困難。我還要給這本書的編輯黛安娜（Diana）一個大大的擁抱，感謝她出色的編輯能力，讓我能把對這些偉大提問的熱情分享出去。

最後，我想對所有讀者致上深深的謝意，非常感謝你們能讓這本書的一字一句進到你們心中。能夠經由這種方式和你們連結，對我是愧不敢當的一份禮物。

延伸閱讀

Adams, Marilee. *Change Your Questions, Change Your Life: 12 Powerful Tools for Leadership, Coaching, and Life.* San Francisco: Berrett-Koehler, 2015.

Aronie, Nancy Slonim. *Writing from the Heart: Tapping the Power of Your Inner Voice.* New York: Hyperion, 1998.

Bach, Richard. *Illusions: The Adventures of a Reluctant Messiah.* New York: Dell, 1977. 繁體中文版《夢幻飛行》，方智，1991。

Bouanchaud, Bernard. *The Essence of Yoga: Reflections on the Yoga Sutras of Patanjali.* Delhi: Indian Books Centre, 1997.

Brown, Brené. *Dare to Lead: Brave Work. Tough Conversations. Whole Hearts.* New York: Random House, 2018. 繁體中文版《召喚勇氣》，天下雜誌，2020。

——— *Rising Strong as a Spiritual Practice.* Boulder: Sounds True, 2017.

Cameron, Julia. *The Artist's Way: A Spiritual Path to Higher Creativity.* New York: Tarcher, 1992. 繁體中文版《創作，是心靈療癒的旅程》，橡樹林，2018。

Kabat-Zinn, Jon. *Wherever You Go, There You Are: Mindfulness Meditation in Everyday Life*. New York: Hyperion, 1994. 繁體中文版《當下,繁花盛開》,心靈工坊,2008。

Lindbergh, Anne Morrow. *Gift from the Sea*. Toronto: Pantheon Books, 1975. 繁體中文版《來自大海的禮物》,遠流,2020。

McFarlane, Evelyn, and James Saywell. *If......Questions for the Soul*. Toronto: Random House, 1998.

Nepo, Mark. *Things That Join the Sea and the Sky: Field Notes on Living*. Boulder: Sounds True, 2017.

Norris, Gunilla. *Inviting Silence: Universal Principles of Meditation*. New York: Bluebridge, 2004.

Rilke, Rainer Maria. *Letters to a Young Poet*. New York: W. W. Norton & Company, 1934.

Ryan, James E. *Wait, What?: And Life's Other Essential Questions*. New York: HarperOne, 2017. 繁體中文版《人生思考題:哈佛教育學院院長提出的 5+1 個人生重要問題》,天下文化,2017。

Sinetar, Marsha. *Elegant Choices, Healing Choices*. New York: Paulist Press, 1988.

Singer, Michael. *The Untethered Soul: The Journey Beyond Yourself*. Oakland: New Harbinger, 2007. 繁體中文版《覺醒的你》,方智,2018。

Taylor, Elke Elouise. *Change from Within: A Journal of Exercises and Meditations to Transform, Empower, and Reconnect*. New York: Skyhorse, 2017.

Wagamese, Richard. *Embers: One Ojibway's Meditations*. Madeira Park, BC: Douglas & McIntyre, 2016.

Williamson, Marianne. *The Gift of Change: Spiritual Guidance for Living Your Best Life*. New York: HarperCollins, 2004.

Yogananda, Paramahansa. *Autobiography of a Yogi*. Los Angeles: Self-Realization Fellowship, 1998. 繁體中文版《一個瑜伽行者的自傳》，好人出版，2021。

———*In the Sanctuary of the Soul: A Guide to Effective Prayer*. Los Angeles: Self-Realization Fellowship, 1998.

———*Journey to Self-Realization: Collected Talks and Essays on Realizing God in Daily Life*, vol. 3. Los Angeles: Self- Realization Fellowship, 2005.

國家圖書館出版品預行編目資料

真正的你, 和你想的不一樣：揭開「我」獨一無
二的專屬人生, 觸發生命改變的 108 個神奇問
答 / 珍妮. 李作；鄭百雅譯. -- 初版. -- 臺北市：
三采文化股份有限公司, 2021.10
　面；　公分. -- (Spirit；32)
譯自：Spark change：108 provocative ques-
tions for spiritual evolution

ISBN 978-957-658-641-5(平裝)

1. 自我實現 2. 生活指導 3. 成功法

177.2　　　　　　　　110013670

@封面圖片提供：
robert - stock.adobe.com

suncolor
三采文化集團

Spirit 32

真正的你，和你想的不一樣

揭開「我」獨一無二的專屬人生，
觸發生命改變的 108 個神奇問答

作者｜ 珍妮·李 Jennie Lee　譯者｜ 鄭百雅
企劃主編｜ 張芳瑜　特約執行主編｜ 莊雪珠
美術主編｜ 藍秀婷　封面設計｜ 池婉珊　內頁排版｜ 曾綺惠　校對｜ 黃薇霓

發行人｜ 張輝明　總編輯｜ 曾雅青　發行所｜ 三采文化股份有限公司
地址｜ 台北市內湖區瑞光路 513 巷 33 號 8 樓
傳訊｜ TEL:8797-1234　FAX:8797-1688　網址｜ www.suncolor.com.tw
郵政劃撥｜ 帳號：14319060　戶名：三采文化股份有限公司
本版發行｜ 2021 年 10 月 15 日　定價｜ NT$380

suncolor